U0529144

本书获国家社科基金青年项目"长三角地区城市语言状况变化与城市语言规划研究"（12CYY019）等资助。

语言治理与国家治理研究丛书

主编◎李宇明　　执行主编◎王春辉

都市语言生活：上海视角

Urban Language Situation in Shanghai

俞玮奇　著

中国社会科学出版社

图书在版编目(CIP)数据

都市语言生活：上海视角/俞玮奇著.—北京：中国社会科学出版社，2023.10

(语言治理与国家治理研究丛书)

ISBN 978-7-5227-2741-7

Ⅰ.①都… Ⅱ.①俞… Ⅲ.①城市—社会语言学—研究—上海 Ⅳ.①H1

中国国家版本馆 CIP 数据核字(2023)第 218054 号

出 版 人	赵剑英
责任编辑	单 钊 彭 丽
特约编辑	李 沫
责任校对	刘 健
责任印制	王 超

出　　版	中国社会科学出版社
社　　址	北京鼓楼西大街甲 158 号
邮　　编	100720
网　　址	http://www.csspw.cn
发 行 部	010-84083685
门 市 部	010-84029450
经　　销	新华书店及其他书店

印　　刷	北京明恒达印务有限公司
装　　订	廊坊市广阳区广增装订厂
版　　次	2023 年 10 月第 1 版
印　　次	2023 年 10 月第 1 次印刷

开　　本	710×1000　1/16
印　　张	12.25
插　　页	2
字　　数	165 千字
定　　价	65.00 元

凡购买中国社会科学出版社图书，如有质量问题请与本社营销中心联系调换
电话：010-84083683
版权所有　侵权必究

语言治理与国家治理研究丛书

学术委员会

学术委员 陈新仁 戴曼纯 杜 敏 郭龙生 郭 熙
黄德宽 黄少安 黄 行 李学军 梁晓波
刘海涛 刘朋建 刘晓天 罗 骥 屈哨兵
苏新春 孙吉胜 王立军 王 敏 文秋芳
徐大明 徐 杰 杨尔弘 余桂林 张日培
张治国 赵蓉晖 赵世举 赵守辉 赵小兵
周建设 周庆生

编辑委员会

主　编 李宇明
执行主编 王春辉
编　委 陈丽湘 董洪杰 董 洁 杜宜阳 樊小玲
方小兵 方 寅 韩江华 韩亚文 何山华
赫 琳 黄立鹤 惠天罡 贾 媛 姜国权
李秉震 李 佳 李英姿 刘楚群 马晓雷
莫 斌 裴亚军 饶高琦 沈 骑 宋 晖
孙学峰 完 权 王海兰 王 辉 王莉宁
王宇波 徐欣路 禇健聪 姚 敏 俞玮奇
袁 伟 张慧玉 张 洁 张天伟 祝晓宏
秘　书 巩向飞 梁德惠

总序

语言治理助力国家治理
——"语言治理与国家治理研究丛书"

语言是人类表情达意与认知思维的最主要的符号系统，是人类文化最重要的创造者、负载者、阐释者和传播者。语言的运用、学习和研究构成了语言生活，语言治理就是语言生活治理。

语言治理是语言政策与规划研究的当今发展。语言治理有四个重要维度。

第一，语言规划的基本问题。如语言关系及语言地位规划，语言本体规划，语言教育、测评及语言能力规划，语言数字化及语言技术应用等。这些基本问题，有传统的也有新形势下的新发展，有国内的也有涉及国际的。

第二，领域语言生活。语言生活是分领域的，语言治理必须解决领域语言生活问题，促进领域语言生活的发展。领域的划分有粗有细，可以适时调整，在国内可以根据国家各部委的分工为参照，在国际上可以根据政府间国际组织的设置为参照。

第三，区域语言生活。语言生活不仅分领域，也分区域，语言治理也应注意解决区域语言生活问题，促进区域语言生活的发展。在国内，可以分县域、省域、跨省域等，在国际上可以分国别、跨国区域乃至全球。

第四，语言生活各主体的作用。语言治理的重要理念是鼓励语言生活各主体之间协商互动，不仅有自上而下的国家治理，也有自下而上的社会意向，还有语言生活各主体之间的横向互动。

语言生活涉及社会的方方面面，语言治理是国家治理的有机组成部分。正确认识语言治理与国家治理之间的关系十分重要。领域语言生活、区域语言生活的治理，也是领域生活、区域生活的治理，也是促进领域发展和区域进步的重要工作。语言规划的基本问题，件件都是国家事务，涉及民族团结、国家统一、公民素养、社会进步。语言生活各主体作用的充分发挥，更是离不开国家的治理状况与治理方略。从事语言治理者要胸怀家国，明了语言治理的国家意义；而国家治理也应有语言意识，甚至说应有语言觉悟，善于通过语言治理来进行国家治理。

语言生活研究、语言治理研究具有学术与实践的双重品格，研究成果既要推进语言治理的社会实践，促进语言生活的进步，也要形成中国语言规划学的学科体系、学术体系和话语体系。学界提出的语言规划六大理念，即构建和谐语言生活、促进社会沟通无障碍、提升公民和国家语言能力、全面精准开展语言服务、保护开发语言资源、发掘弘扬语言文明，便是中国语言规划学的重要成果，也是学术与实践双重品格的体现。

"语言治理与国家治理研究丛书"的编纂出版，旨在全面深入地研究语言治理的理论与实践，探讨语言治理与国家治理间的密切关系，致力于构建一个具有包容性、开放性的学术共同体，充分发挥学术"旋转门"的作用。打破学科壁垒，拆除社会藩篱，将不同学科专家的智慧和力量聚结一起，将学者、管理者、社会工作者的智慧和力量聚结一起，促进理论与实践的密切结合，促进语言治理与国家治理的密切结合。

在全球化的时代背景下，语言治理和国家治理已经超越国界。因此，需要从中国睁眼看世界，时时关注世界各国状况，汲取国际经验，为中国的发展提供借鉴；也需要让世界正眼看中国，积极与国际学术界互动，分享中国在这方面的实践和学术思考，听取他们的判断和意见；同时也应当以中外事实为对象，发展具有普遍解释力的学术体系，用学术眼光来客观地看待全世界。

李宇明
2024 年 2 月 19 日
序于惧闲聊斋

序

2003年6月27日，南京大学社会语言学实验室正式成立，成为当时世界上第三家挂牌的社会语言学实验室。之前成立的两家，宾夕法尼亚大学于1976年首创的社会语言学实验室和渥太华大学于1982年建立的社会语言学实验室，前者的特色为其对语言变异的开创性研究，后者则将变异研究与语言接触研究结合，将其提升到一个新的阶段。除了继承已有的社会语言学传统，南京大学社会语言学实验室自成立之日，即确立了其新的研究方向，语言城市化研究。今年恰逢南大实验室成立二十周年，而俞玮奇的《都市语言生活：上海视角》是一项最好的献礼。

南京大学社会语言学实验室确立的语言城市化研究，应对了21世纪的社会现实，即，人类社会上史无前例的大规模、高速度的城市化进程。21世纪是城市化的世纪：世纪之初，世界人口仍然以乡村人口为主，新世纪的第一个十年内，城市人口就超过了半数；目前的预测，到2030年将达到60%以上，到2050年将超过2/3的世界人口将成为城市人口。从乡村到城市的大规模人口流动，生活方式、生产方式的极速转变，都伴随着社会文化模式的重构。从语言学角度，因此产生了"语言城市化"的理论。《都市语言生活：上海视角》应用了有关理论，以中国改革开放以来迅速建起的世界级大都市——上海为研究对象，从语言使用到语言治理的方方面，开展了调查研究和理论分析，为关注都市语言生活和社会语言学研究的读者呈现了一幅丰富的画面。

除了"语言城市化"研究，南京大学社会语言学实验室的另一个特色是组织本科生开展社会语言学的研究。《都市语言生活：上海视角》的作者俞玮奇在南京大学读本科阶段，即参与了有关活动，其随后的发展，也延续了南大实验室确立的语言城市化的研究方向。南大实验室成立时召开的"城市语言研究报告会"（Urban Language Seminar）目前已发展成为连续举办20届的国际城市语言研究的系列会议，在此基础上了也成立"国际城市语言学会"（International Association of Urban Language Studies），会员由来自世界各地的数十个高校及科研单位的学者构成。俞玮奇的研究成果曾多次在该系列研讨会发表，并受邀在第十届城市语言语言调查国际研讨会作主旨发言人。

本人作为南京大学社会语言学实验室创立之初的负责人，能够回忆起作为本科生的俞玮奇开始参加社会语言学实验室活动的情形，但却几乎忘记了曾经指导过他的本科论文和硕士研究，部分原因应该是后来指导他的博士论文的过程的深刻印象。在南京大学读博阶段，俞玮奇的"城市语言调查"的理论基础和方法论已基本形成，在苏南几个城市的调查取得系统性的成果。他的博士论文答辩会在北京举行，五位答辩委员全部由校外的博导组成，对其博士论文给予一致好评，随后该博士论文获得南京大学优秀博士论文奖。俞玮奇博士毕业，南京大学曾筹划其留校任教，因种种原因未能实现；俞玮奇随即进入华东师范大学任教，有了至今的种种发展，包括这部专著囊括的上海都市语言生活调查的重要成果。

俞玮奇是一位勤奋的青年学者，多年的努力，成果硕然；全国哲学社会科学规划办于2006年首次将"城市语言调查"列为语言学重点方向以来，俞玮奇已连续三次成功申报相关的国家社科基金项目，并获得第六届钱学森城市学金奖提名奖。我相信，《都市语言生活：上海视角》亦将受到好评。借此机会，本人对俞玮奇多年来坚持城市语言研究的方向表示感谢，对于南大期间和之后的我们之间的许多合作和相互支持也表示感谢，也感谢这次作序的机会。

最后，预祝学者俞玮奇，以本书为新起点，取得更加辉煌的成果！

徐大明
2023 年 9 月 20 日
于温哥华

绪　论 ……………………………………………………（001）

第一章　城市公共空间的语言生活 …………………………（010）
　　第一节　上海主城区公共空间的语言状况 …………………（010）
　　第二节　浦东新城区的语言生活状况与变迁 ………………（024）
　　第三节　城市核心商圈的语言景观 …………………………（037）

第二章　城市不同人群的语言生活议题 ……………………（050）
　　第一节　本地青少年的语言生活变迁与方言传承 …………（050）
　　第二节　外来务工人员的语言市民化与社会融入 …………（067）
　　第三节　外来人员子女的城市语言生活融入与代际变迁 ……（081）
　　第四节　外籍家庭的语言生活与家庭语言政策 ……………（092）

第三章　国际社区的语言生活与语言治理 …………………（109）
　　第一节　浦东国际社区的语言生活与规划 …………………（109）
　　第二节　虹桥韩国人聚集区的语言生活状况与治理 ………（125）
　　第三节　古北国际社区的多语景观及语言规划问题 ………（135）
　　第四节　疫情防控下的城市涉外语言治理能力 ……………（147）

启示与建议 ……………………………………………（161）

参考文献 ……………………………………………（168）

后　记 ………………………………………………（183）

绪 论

一 研究缘起

  城市自诞生以来，就是整个社会的政治、经济、社会和文化中心。近一百年来，城市在世界范围内迅速发展，越来越多的人离开乡村走进城市。现今，我们已经生活在了一个日益城市化的世界，整个现代生活与城市密不可分。据联合国发布的《2022年世界城市状况报告》显示，全球现今约有56%的人口生活在城市，预计到2050年，全球城市人口占比将升至68%。目前，拥有3700万名居民的日本东京是全球最大的城市，紧随其后的是印度新德里（2900万人）、中国上海（2600万人），以及墨西哥墨西哥城和巴西圣保罗（各约2200万人）。[①] 庞大的人口数字背后是众多的语言使用人群，城市作为多元文化和族群的聚集之地，自然也成就了多种语言的使用空间，同时也给城市语言规划和语言治理带来了挑战。

  自20世纪80年代以来，随着经济的迅速增长，中国城市化进

---

① 参见联合国网站《联合国：2050年中国城市人口将再增2.55亿》，https://www.un.org/zh/node/137174。

程迅猛发展。我国的城市化率从1978年的17.9%，至2011年突破了50%，城镇居住人口首次超过农村，而据《2021年国民经济和社会发展统计公报》显示，当前全国常住人口城镇化率达到了64.72%，城镇化率远超世界平均水平。国内城市发展已经进入了一个全面深化的关键阶段。城市化在促进经济发展、带来前所未有的现代城市文明的同时，也引发了大量的社会问题，这其中自然也就有各种社会语言问题。城市化带来了人口分布与社会结构的变化，必然会导致语言的社会功能和结构特征发生变化。使用各种不同语言的人群大规模地拥进城市，外来移民与本土居民生活在同一座城市中，在形成各种语言接触、打破原有城市语言生态的同时，也加大了城市语言生活状况的复杂程度，进而带来语言沟通、语言认同、语言规划等一系列的新课题。

当前我国"一带一路"倡议和"全面对外开放新格局"的构建给城市发展带来了重大机遇，中国城市参与国际经济社会活动更加频繁，城市的国际化程度也在迅速提高，一些大城市正在步入"全球城市"的行列。当前以北京、上海等为代表的大都市已经成为跨国公司、国际组织、国际人才的集聚之地。在我国大都市逐步成为全球城市的进程中，围绕外国人在华投资、工作、留学、生活中的各种语言需求，不断提升城市语言能力，建立和完善符合外籍人士需求的城市语言服务体系，构建良好的国际城市语言环境也成为城市国际交往中心功能建设中不可或缺的要素。

纷繁复杂的都市语言生活给城市语言研究带来了前所未有的机遇。因此，本书将以我国最大的城市——上海为例，研究城市多语生活、语言规划、语言治理等议题，呈现我国城市化和国际化发展过程中的都市多语生态景观，探讨构建推动都市语言生活和谐发展的城市语言规划与语言治理方略。

本书第二章主要是从公共语言空间的视角，调查研究上海主城区、浦东新城区、核心商圈的语言生活状况，分析造成城市语言状况变迁的原因，探讨构建良好城市语言环境、和谐都市语言生活的城市语言规划方略。第三章主要是关注都市中各类不同人群的语言生活,重点关注上海市本地青少年的方言传承与家庭语言政策、外来务工人员的语言市民化与社会融入、外来人员子女语言生活的代际变化、外籍家庭语言生活和家庭语言政策等重要话题。第四章主要是关注城市国际化发展所带来的国际社区语言生活与语言规划课题,重点关注上海外国人聚居区的语言生活、语言景观、语言服务与社区语言规划,城市应急语言服务与涉外语言治理等话题。

鉴于中国城市语言生活的多样性、复杂性和动态性,城市语言研究无疑需要更多学者的关注与研究,希望本书的内容能给关心和关注中国城市语言研究的学者和读者带来有益的启示与收获,更希望有更多的学者关注到中国的都市语言生活。

二 主要概念

(一) 语言生活

"语言生活"这个术语最早产生于20世纪二三十年代的日本。日本在1948年就成立了以"用科学方法调查研究国语与国民语言生活"为主要目标的国立国语研究所。在日本,所谓"语言生活,简单地说就是体现在生活中的各种语言形态",具体地说就是"人类生活过程中,语言行为在不同层面上所体现出的各种形式的总称",其语言生活"强调的是语言行为方式,人们表达思想、传播信息的行为方式,而不是指语音、词汇、语法等语言的内在结构和体系"。[1] 对于语言生活的研究对象,日本学者真田信治等认为,"语言生活主要着眼于研究某种语言行为方式在生活中具有什么样的地位、起什么样的作用、与实际生活有什么联系等""研究语言生活,主要是观察语言行为与实际生活有什么关系,比如生活环境

---

[1] [日] 真田信治:《社会语言学概论》,王素梅、彭国跃译,译文出版社2002年版,第42页。

与语言、生活时间与语言的关系等"。① 在日本，语言生活的研究领域相当广泛，研究的重点课题包括大众传媒与个人交际、语言生活的场所与语言活动、语言生活中的套语、与外国人的语言接触、双语和多语的使用等。

"语言生活"同样是中国语言规划研究的一个重要领域。国内的陈章太先生最早使用了"语言生活"这一术语，其在1989年发表的文章《论语言生活的双语制》中第一次探讨了汉语语言生活的基本状况以及普通话与方言的双语制问题。国内早期对语言生活的研究主要是围绕语言使用状况调查的讨论，主要有陈章太的《语文生活调查刍议》（1994）和《再论语言生活调查》（1999）、许嘉璐《语文生活调查与语言文字应用》（1997）以及郭熙《当前我国语文生活的几个问题》（1998）等。

语言生活研究在进入21世纪以后日渐活跃，特别是自2005年起，教育部和国家语言文字工作委员会每年向社会发布年度中国语言生活状况，编辑出版《中国语言生活状况报告》后，在学界"形成新的研究方法、系列热点话题，提出了一套术语，锻炼了关注当前语言生活的队伍，形成了领域语言的研究热潮等"，② 极大地推动了语言生活的研究。现如今，语言生活学术体系和语言生活学术流派业已形成。

关于"语言生活"的界定，陈章太先生指出："语言生活，又称语言状况，实际上就是指人们使用语言文字的情况。"③ 李宇明先生又进一步发展，"运用和应用语言文字的各种社会活动和个人活动，都可以概称为语言生活"④ "如果将与语言相关的各种活动称为'语言生活'的话，语言的学习和教育、语言在各种场合各个领域的运用、语言研究及其成果的开发应用等，便都可归入语言生

---

① ［日］真田信治：《日本社会语言学》，胡士云等译，中国书籍出版社1996年版，第6—7页。
② 《中国语言生活状况报告》课题组编：《中国语言生活状况报告（2009）》，商务印书馆2010年版，第221页。
③ 陈章太：《语文生活调查刍议》，《语言文字应用》1994年第1期。
④ 李宇明：《中国语言规划论》，东北师范大学出版社2005年版。

活的范畴"。① 换言之，"语言生活是运用、学习和研究语言文字、语言知识、语言技术的各种活动"②。

(二) 城市语言研究

在近三十年大规模、高速度的城市化进程下，中国城市的语言生活发生了明显的变化。城市化所带来的语言和社会环境的重大改变，研究对象变化及其对语言学理论的挑战，促使以南京大学徐大明教授为代表的一批中国社会语言学者在21世纪初提出了"城市语言调查"的研究新方向，目前已成为中国社会语言学的一个特色。③ 城市语言研究是通过社会调查的方法来研究城市语言生活，其不仅是要揭示城市语言生活的面貌，更重要的是其最终目的就是要解决城市语言交际中的沟通与认同问题。

城市语言研究主张从动态和发展的视角开展语言研究，特别关注城市化进程所带来的新的社会语言现象，并从关注新现象、新常态开始，逐步发展出"言语社区理论""语言城市化"等新理论和"非介入式观察法""问路调查法"等一系列新方法，做出中国社会语言学的重要贡献。④ 具体研究如：徐大明等人从2002年起连续多年采用问路调查法对南京的城市语言生活开展研究，发现了普通话普及与人口流动的相关性；⑤ 付义荣对城市语言生活中的新现象——新生代农民工的语言使用与社会认同开展研究等。⑥

但目前国内的城市语言研究仍主要是从一个截面或侧面开展，

---

① 李宇明：《关注语言生活》，《长江学术》2006年第1期。
② 李宇明：《语言生活与语言生活研究》，《语言战略研究》2016年第3期。
③ 徐大明、王玲：《城市语言调查》，《浙江大学学报》（人文社会科学版）2010年第6期。
④ 徐大明：《城市语言研究——中国社会语言学的新发展》，《华夏文化论坛》2018年第2期。
⑤ 张璟玮、徐大明：《人口流动与普通话的普及》，《语言文字应用》2008年第3期；付义荣：《南京市普通话使用调查及其思考》，《南京航空航天大学学报》（社会科学版）2004年第3期。
⑥ 付义荣：《新生代农民工的语言使用与社会认同——兼与老一代农民工的比较分析》，《语言文字应用》2015年第2期。

缺乏对一个城市长期和深入的研究，也缺少多城市间的比较，目前更需立足于语言规划，考虑城市语言治理问题。

（三）城市语言规划

语言规划（language planning）术语最早出现于20世纪50年代。1959年，豪根（Einar Haugen）① 在其《现代挪威标准语的规划》一文中首次引入该术语，并将其定义为"一种为规范拼写、文法和词典做准备的活动，旨在指导在非同质言语社区中的书面和口头言语行为"②。之后，豪根又对语言规划的定义进行了完善，认为上述行为应看作是语言规划的结果，是语言规划者所做出的决策实施中的一部分，而不是语言规划的全部；语言规划是对语言变化的评价和抉择。③ 在豪根之后，陆陆续续又有多位学者对"语言规划"术语提出了新见解，如鲁宾（Joan Rubin）和颜诺（Björn H. Jernudd）认为，语言规划是由某些管理机构实施的有一定意图的行为，其目的是改变语言系统本身或者语言使用，或两者兼而有之；颜诺和达斯-古普塔（Jyotirindra Das Gupta）认为，语言规划不是一种理想主义和完全属于语言学的活动，而是为了解决社会语言问题的政治和管理活动；卡普兰（Robert Kaplan）和巴尔道夫（Richard Baldauf）认为，语言规划是某些人出于某种理由试图改变某个社区语言行为的活动；库珀（Robert Cooper）将语言规划定义为"有意识去影响他人语言行为的努力，包括习得、结构和功能分配等方面"。④

---

① Haugen Einar,"Planning for a Standard Language in Modern Norway", *Anthropological Linguistics*, Vol. 1, No. 3, 1959, pp. 8 – 21.

② 方小兵、张立萍编著：《语言政策与语言规划核心术语》，外语教学与研究出版社2022年版，第167页。

③ 王辉：《全球化、英语传播与中国的语言规划研究》，社会科学文献出版社2015年版，第28—29页。

④ 刘海涛：《语言规划讲义》，商务印书馆2023年版，第29—40页；方小兵、张立萍编著：《语言政策与语言规划核心术语》，外语教学与研究出版社2022年版，第167—169页；[美]罗伯特·库珀：《语言规划与社会变迁》，赵守辉、钱立锋译，商务印书馆2021年版，第36—38页。

目前国内对于语言规划的定义，比较权威的是陈章太先生的观点，他认为语言规划是"有关机构、社会团体、学术部门等群体根据语言文字的特点和发展规律，对语言文字的形式和功能进行有目的、有计划调整的一种有益的社会活动"。① 通常认为，语言规划主要包括地位规划（status planning）、本体规划（corpus planning）、习得规划（acquisition planning）等。地位规划是改变语言或语言变体在社会中的地位及声望，通常是通过改变群体或个人对所使用语码的看法来实现；本地规划是对语言形式所作的规划，包括文字化、标准化、现代化以及创新化。习得规划是影响对第一语言、第二语言或外语的习得、再习得及语言维持。李宇明②在语言地位规划的总体框架内进一步提出了语言功能规划（language function planning）。其所说的语言功能是指语言在社会生活中所发挥的功能；社会生活是分领域的，语言功能也是分领域的，因此可以将语言功能划分为国语、官方工作语言、教育、大众传媒、公共服务、公众交际、文化和日常交际（包括家庭交际）等八个层次；语言功能规划是要"确定各种语言文字（及语言变体）的社会功能，规划各个社会领域如何发挥各种语言文字的作用，目的是使各种语言文字各安其位、各得其所、各展其长，构建起多种语言现象互补共生、和谐共处的多言多语生活"。③

城市语言生活是语言规划的对象之一。面对当前中国城市语言生活的重大变化，李宇明提出了"城市语言规划"，④认为城市语言规划是城市建设规划的有机组成部分，城市语言规划本质上是城市语言能力规划，要重点考虑以下几个方面的问题：一是城市语言

---

① 陈章太：《语言规划概论》，商务印书馆2015年版，第2页。
② 李宇明：《语言功能规划刍议》，《语言文字应用》2008年第1期。
③ 李宇明：《了解世界怎样做语言规划——序〈语言规划经典译丛〉》，载［以色列］博纳德·斯波斯基著《语言政策——社会语言学中的重要论题》，张治国译，商务印书馆2011年版，第1页。
④ 李宇明：《城市语言规划问题》，《同济大学学报》（社会科学版）2021年第1期；李宇明：《关注中国城市化进程中的语言问题》，载《中国语言生活状况报告》课题组编《中国语言生活状况报告（2009）》上编，商务印书馆2010年版。

沟通与服务；二是城市文化风韵塑造，包括本埠语言文化资源的保护与开发，语言景观和语言艺术等；三是城市语言产业和语言数据发展；四是城市应急语言服务等。

国外，巴克豪斯（Peter Backhaus）提出了"市政语言政策"（municipal language policy），并认为相比国家层面，城市的语言政策更能直通普通民众。[①] 当然，地方政府很少会考虑到语言问题，即便有城市语言政策的话，其外在形式也是混乱的、不统一的、零碎化的。因此，对城市语言政策的研究除了法规文件之外，有关城市语言政策实施的实证研究、报刊报道分析等也是重要的研究方式。巴克豪斯在分析以色列的城市语言政策时，还参考了城市语言景观的调查成果。巴克豪斯认为市政语言政策主要体现在以下三个方面：（1）行政机构内部的语言；（2）行政机构与公众交际的语言；（3）公共标识。市政语言政策主要是在以上这些领域的语言选择问题，因此更多是语言的地位规划，但也有些本体规划的问题，如涉及字体、术语选择。尽管市政语言政策有时可能会偏离国家语言政策，但由于其有直通市民的基础，其在满足市民的日常语言需求上有着独特的优势。

在语言规划研究领域，不少学者还提出了"语言管理"（Language Management）概念。颜诺和诺伊施图普尼（Neustupn）首次将"语言管理"作为理论引入语言规划领域，并建立了语言管理分类框架，其认为语言管理的关键是确定语言问题和解决语言问题。斯波斯基（Bernard Spolsky）则结合自身的"语言政策三成分"理论建立了语言管理理论模式，[②] 他将语言管理界定为某些拥有或声称拥有权力的人或团体所付出的显性的或可见的努力，目的是为了改变某个语域（domain）中人们的语言实践或语言信念。斯波斯基

---

① Backhaus Peter, "Language Policy at the Municipal Level", in *The Cambridge Handbook of Language Policy*, Cambridge: Cambridge University Press, 2012, pp. 226 – 242.

② Spolsky Bernard, *Language Management*, Cambridge: Cambridge University Press, 2009, p. 4.

把费希曼（Fishman Joshua A.）的"语言域"①的概念应用到了语言管理理论模式当中，并认为不同语言域有不同的语言政策，家庭、宗教、工作、公共、学校、司法医疗机构、军队以及政府等不同语言域会有不同的语言管理活动，而语言管理也会受到语域内和语域外力量的共同影响，具有复杂性。

国内学者徐大明认为，伴随着城市化的高速发展，城市社会交际、社会服务、行政管理、公共安全等方面出现的问题与语言问题交织在一起，形成复杂的局面，成为城市社会语言治理必须面对的挑战，他从城市语言管理视角探讨了城市语言文明建设问题。②沈骑和康铭浩则根据新冠肺炎疫情的暴发致使城市语言治理能力不足等问题，提出亟待开展城市语言治理体系研究。③沈骑还进一步提出城市语言服务规划、城市语言治理能力与城市语言生活调查应成为今后的城市语言研究的主要取向。④

因此，如何通过语言管理实现城市语言生活中不同语言域的规划目标也是本书所主要探讨的问题之一。

---

① Fishman Joshua A., "Domains and the Relationship between Micro-and Macrosociolinguistics", in John J. Gumperz and Dell Hymes, eds. *Directions in Sociolinguistics*, New York: Holt Rinehart and Winston, 1972, pp. 435 – 453.

② 徐大明：《城市语言管理与城市语言文明建设》，《云南师范大学学报》（哲学社会科学版）2020年第3期。

③ 沈骑、康铭浩：《面向重大突发公共卫生事件的语言治理能力规划》，《新疆师范大学学报》（哲学社会科学版）2020年第5期。

④ 沈骑：《中国城市化进程中语言研究的三大取向》，《语言战略研究》2021年第3期。

第一章

城市公共空间的语言生活

第一节 上海主城区公共空间的语言状况[①]

上海是中国的一座超大城市,也是多种要素高度聚集的现实空间场域。研究超大城市公共空间的语言生活状况,不仅有助于我们了解城市化对公共空间语言生活的影响,也有助于科学的城市语言规划制订,构建和谐稳定的城市语言生活。

本章对城市公共空间语言生活的调查,主要采用 20 世纪 70 年代由库珀等人创设的非介入式匿名观察法。该方法最早由库珀和卡朋特[②]用于调查埃塞俄比亚城镇多语市场,他们期望运用该方法能从中发现买卖双方所使用的通用语是如何发展起来的,并且实际又是如何使用的;斯波斯基和库珀合著的《耶路撒冷的语言》一书中也曾用该方法记录耶路撒冷老城民众的实际语言选择。该方法后被荷兰学者范德博(Van den Berg)在 20 世纪 70 年代大规模运用于

---

① 本节内容曾以《上海城区公共领域语言生活状况调查——兼与长三角地区其他城市比较》为题发表在《语言文字应用》2014 年第 4 期,收录本书时有所修改。

② Cooper Robert L. and Carpenter Susan, "Language in the Market", in M. L. Bender, J. D. Bowen, R. L. Cooper and C. A. Ferguson, eds. *Language in Ethiopia*, London: Oxford University Press, 1976, pp. 254–255.

调查中国台湾地区的台北、高雄、台南等七个城市民众的语言使用实态。①徐大明在新加坡开展华社语言调查时也曾运用该方法以了解当地华人的语言使用实态。②非介入式匿名观察法，主要是由调查员在局外观察，不参与被观察对象的言语活动，并按固定的程序，根据事先印好的观察卡记录语言使用实态。调查员除了记录被观察者所使用的语言外，还记录被观察者的交际类型、交际对象、性别、大致的年龄段等信息。非介入式的匿名观察法被不少学者认为是在入户调查不可行时有效的替代方法，并且比被调查者的自我报告更为可靠，此外可以更好地了解多语环境下各种语言的功能分化情况。

本节在对上海城区语言生活实态的调查中沿用了该方法。研究者们于2012年2月至2013年5月期间先后调查了上海主城区的商场、市场、银行、公共交通、餐馆、通信业营业厅等公共领域共计5871人次的语言使用状况，以下将报告此次调查的情况。

一　上海主城区不同空间的语言生活

（一）主城区商场的语言状况

在上海主城区的淮海路、徐家汇、五角场三个主要商圈不同档次的9家商场里，我们共观测到2332次言语行为。由表1-1可知，使用普通话的占56.2%，使用上海话的占37.7%，同时使用普通话和上海话的占3.5%，使用其他方言的占1.7%，使用外语的占0.8%。在商业服务领域，普通话在使用上占明显的优势地位。

位于城区中心的淮海路商圈，普通话的使用比例高达63.7%，而上海话的使用比例只有31.3%；位于城区东北角的五角场商圈，普通话的使用比例达到了57.3%，上海话的使用比例只有38.1%；位于城区西南角的徐家汇商圈，上海话的使用比例相对较高，达到了43.1%。在这三个商圈中，中档商场的普通话使用比例均明显

---

① Van den Berg Marinus E., *Language Planning and Language Use in Taiwan—A Study of Language Choice Behavior in Public Settings*, Crane, 1986, pp. 14-15.

② 徐大明：《新加坡华社语言调查》，南京大学出版社2005年版，第9—10页。

高于同一商圈低档和高档商场的普通话使用比例。另外，除五角场商圈外，淮海路和徐家汇商圈的高档商场的上海话使用比例均为同一商圈中最高的（具体数据见表1-1）。

表1-1　　　　　上海城区商场的语言使用状况

商圈	商场名	人次（人）	普通话（%）	上海话（%）	普通话和上海话（%）	其他方言（%）	外语（%）
淮海路	二百永新	249	66.7	30.5	—	—	—
	百盛淮海店	267	69.7	22.5	4.9	2.2	0.7
	东方商厦淮海店	209	52.6	43.5	1.4	1.4	1.0
	合计	725	63.7	31.3	2.3	1.5	1.1
徐家汇	六百	278	48.6	45.3	3.2	2.2	—
	太平洋百货	308	59.4	29.2	5.5	4.5	1.3
	东方商厦徐汇店	216	32.4	60.2	4.2	0.9	2.3
	合计	802	48.4	43.1	4.4	2.7	1.4
五角场	大西洋百货	317	50.8	44.2	4.7	0.3	—
	巴黎春天五角场店	246	66.3	27.2	4.9	1.2	—
	东方商厦五角场店	242	56.6	41.3	1.2	0.8	—
	合计	805	57.3	38.1	3.7	0.7	—
总计		2332	56.2	37.7	3.5	1.7	0.8

（二）主城区市场上的语言状况

我们在上海城区内环以内的10家农贸市场共观测到1392人次的言语行为，由表1-2可知，普通话和上海话是市场里最常使用的两种语言，上海话的使用比例为60.1%，普通话的使用比例为34.0%，同时使用普通话和上海话的占4.4%，使用其他方言的占1.0%，同时使用普通话和其他方言的占0.5%。在内环以内的农贸市场里，上海话在使用上占明显的优势，上海话仍保持着较强的活力。在上海话使用比例较高的市场上，如黄浦区的马当菜市场、虹口区三角地菜场东安分场等，周围不少都是老住宅，顾客也主要是当地的老上海人，他们基本上都是在说上海话，卖主即使是外地人，也会迁就顾客所使用的语言,因此在这些市场上,上海话的使用比例很高。

我们还在内环和中环之间的南北各抽取一家农贸市场,共观测了459次言语行为,结果显示在内环和中环之间的农贸市场上,普通话的使用占明显的优势,使用比例达到75.6%,上海话的使用比例仅为21.1%。在该区域内的农贸市场上,普通话占主导地位,上海话的使用则显著减少。

表1-2　　上海城区农贸市场的语言使用状况

区名	市场名	人次	普通话（%）	上海话（%）	其他方言（%）	普通话和上海话（%）
静安	巨鹿菜市场	158	33.5	53.2	4.4	5.1
	新镇宁菜市场	161	34.2	51.6	1.9	11.2
黄浦	万有全曹家街菜市场	158	32.9	64.6	—	2.5
	马当菜市场	169	24.9	73.4	—	1.8
徐汇	广元菜市场	158	53.8	38.0	1.3	7.0
长宁	美天长支菜市场	60	26.7	70.0	—	3.3
	美天安化菜市场	99	23.2	74.7	—	—
普陀	永昌新湖菜市场	109	60.6	35.8	—	3.7
虹口	三角地菜场东安分场	160	21.2	74.4	3.1	1.2
闸北	老北站菜市场	160	29.4	68.1	—	2.5
	合计（内环内）	1392	34.0	60.1	1.0	4.4
徐汇	梅陇菜市场	219	76.3	21.0	0.5	2.3
虹口	沪陵副食品市场	240	75.0	21.2	0.8	2.9
	合计（内环和中环之间）	459	75.6	21.1	0.7	2.6

（三）银行、通信营业厅、公共交通、餐饮业等领域的语言状况

在中心城区黄浦区、静安区和徐汇区的9所银行所观测到的412人次的言语行为中（见表1-3）,普通话的使用比例为52.7%,上海话的使用比例为36.7%,同时使用普通话和上海话的比例为8.7%,外语占0.2%。在银行领域,普通话在使用上占相对优势地位。

在黄浦区、静安区和长宁区等地的11家电信、移动和联通通信业营业厅，我们共计观测到420人次的言语行为。表1-3显示，普通话的使用比例为51.9%，上海话的使用比例为40.5%，同时使用普通话和上海话的占4.8%，其他方言占2.9%。该领域与银行的情况比较相似，同样是普通话在使用上占相对优势地位。

在公共交通领域，我们在抽取的23条城区公交线路上共观测到611人次的言语行为，这其中普通话的使用比例为33.4%，上海话的使用比例为58.8%，同时使用普通话和上海话的占4.4%，其他方言占2.9%，外语占0.3%。在公共交通领域，上海话在使用上仍明显占优势，司机和乘客都比较多地在使用上海话。

在所抽取的徐家汇商圈里，我们在多家餐饮店内共观测了245人次的言语行为。与徐家汇商场里上海话使用比例较高的情况有所不同（与表1-1比较），餐饮店里普通话的使用比例高达83.7%，上海话的使用比例仅为11.4%，同时使用普通话和上海话的比例为1.6%，其他方言的使用比例为2.4%。餐饮业领域较高的普通话使用比例与餐饮业服务人员主要是外来务工人员有关。

表1-3　　　　上海城区不同领域的语言生活状况

领域	人次	普通话（%）	上海话（%）	普通话和上海话（%）	其他方言（%）	外语（%）
市场（内环内）	1392	34.0	60.1	4.4	1.0	—
商场	2332	56.2	37.7	3.5	1.7	0.8
银行	412	52.7	36.7	8.7	—	0.2
电信等营业厅	420	51.9	40.5	4.8	2.9	—
公共交通	611	33.4	58.8	4.4	2.9	0.3
餐饮店	245	83.7	11.4	1.6	2.4	0.8

二　上海主城区语言状况的社会差异

（一）不同交际模式下语言选择的差异

我们将交际模式分为内部交际和外部交际两类，内部交际主要包括"顾客之间"和"售货员（或卖主、工作人员等）之间"两种熟人间的交际模式；外部交际主要包括"售货员（或卖主、工作人员等）对顾客"和"顾客对售货员（或卖主、工作人员等）"两种陌生人间的交际模式。以下主要分析商场、市场和银行三类明显不同的公共场所的情况。

由表 1-4 可知，在上海城区的商场里，顾客内部之间交际使用普通话的比例为 42.3%，使用上海话的比例为 47.6%，普通话和上海话的使用大致各占一半；但当他们与售货员交际时，普通话的使用比例显著上升，达到 64.3%，上海话的使用比例则下降到 33.1%。与之相应，售货员之间内部交际时，使用最多的是上海话，使用比例为 52.4%，其次才是普通话，使用比例为 36.5%；当他们与顾客交际时，普通话的使用比例上升至第一位，使用比例达到 65.6%，上海话的使用比例则下降到 30.5%。

在上海内环以内的农贸市场上（见表 1-4），顾客之间内部交际主要是使用上海话，上海话的使用比例高达 87.3%，普通话的使用比例只有 9.2%；当他们与卖主交际时，上海话的使用有所减少，使用比例为 68.2%，而普通话的使用则明显增多，使用比例为 28.0%。卖主之间所使用的语言位列前三位的分别是上海话 41.7%、普通话 38.9% 和其他方言 12.5%；当卖主与顾客交际时，普通话和上海话的使用比例分别为 44.7% 和 48.5%，这两种语言的使用都有所增多，普通话使用增多的现象更为明显，其他方言的使用比例则下降至不足 1.0%。

在主城区的银行，表 1-4 显示顾客之间说普通话的比例为 42.3%，说上海话的比例为 53.8%；当他们与银行工作人员交际时，普通话的使用比例上升至 54.5%，上海话的使用比例下降至 35.3%。银行工作人员之间的内部交际很多是用上海话，上海话的使用比例高达 67.4%，普通话的使用比例只有 32.6%；但当他们与顾客交际时，普通话的使用比例上升至 59.1%，上海话的使用比例下降到只有 24.5%，另外，发生普通话与上海话之间语码转换现象的比例也有 14.5%。银行里发生较多的语码转换现象，主要是因为双方经常会遇到金融业务用语，即使交际双方都是上海本地人，也会倾向于选择使用普通话来说这些用语。

总体而言，在公共场所熟人内部之间交际使用最多的还是上海话，但在与外界交往过程中，例如在传统的市场领域，顾客会出现向普通话转用的"向上聚合"言语适应现象；在商场和银行的交易过程中，顾客与售货员或银行工作人员之间都是出现向普通话转用的"向上聚合"言语适应现象。言语适应现象的出现，进一步说明当前普通话取得了较高的社会地位，其社会沟通作用已经充分体现出来，国家的推普工作取得了显著的成效。

表1-4　　　　　　不同交际模式下的语言使用状况

	交际类型	人次	普通话（%）	上海话（%）	普通话和上海话（%）	其他方言（%）	外语（%）
商场	顾客之间	593	42.3	47.6	2.2	4.9	2.7
	顾客对售货员	673	64.3	33.1	2.1	0.3	0.1
	售货员之间	296	36.5	52.4	8.4	2.7	—
	售货员对顾客	698	65.6	30.5	3.9	—	—
市场（内环内）	顾客之间	142	9.2	87.0	1.4	2.1	
	顾客对卖主	576	28.0	68.2	3.8	—	
	卖主之间	72	38.9	41.7	4.2	12.5	
	卖主对顾客	532	44.7	48.5	5.4	0.3	
银行	顾客之间	52	42.3	53.8	—	—	3.8
	顾客对工作人员	156	54.5	35.3	8.3	—	1.9
	工作人员之间	43	32.6	67.4	—	—	
	工作人员对顾客	159	59.1	24.5	14.5	—	1.9

（二）不同年龄人群的语言选择差异

表1-5显示，不同年龄的人群在公共场合的语言选择存在明显的差异。在商场，青年人群使用普通话的比例高达68.9%，使用上

海话的比例只有 25.5%；在传统的农贸市场，青年人群使用普通话的比例有 54.3%，高于上海话的使用比例 44.3%；在银行，青年人群使用普通话的比例同样高达 68.6%。与之相反，老年人群在上述场合基本上都是在使用上海话，上海话的使用比例都在 70% 以上。中年人群的语言使用情况介于青年人群与老年人群之间，但其在各场合使用上海话的比例都明显高于使用普通话的比例。与青年人群偏好于说普通话相比，中年人群和老年人群更偏好于说上海话。

进一步分析还发现，40 岁左右是一个相对明显的转折点，40 岁以上的人群在公共场合主要是说上海话，而 40 岁以下的人群在公共场合说普通话的情况更多些。这也在一定程度上说明，国家自 20 世纪 80 年代以来在学校加强推普的政策措施取得了显著的成效。

表 1-5　　　主城区顾客语言使用状况的年龄差异

场域	顾客的年龄层	人次	普通话（%）	上海话（%）	普通话和上海话（%）	其他方言（%）	外语（%）
商场	青年	702	68.9	25.5	2.3	2.0	1.3
	中年	504	36.9	56.2	2.2	3.4	1.0
	老年	58	20.7	74.1	—	5.2	—
	总计	1264	54.0	40.0	1.3	2.5	2.1
市场（内环内）	青年	70	54.3	44.3	1.4	—	—
	中年	459	23.1	72.3	4.1	0.4	—
	老年	185	15.1	82.2	2.2	0.5	—
	总计	714	24.1	72.1	3.4	0.4	—
银行	青年	121	68.6	23.1	5.0	—	3.3
	中年	52	36.5	51.9	9.6	—	1.9
	老年	35	14.3	80.0	5.7	—	—
	总计	208	51.4	39.9	6.2	—	2.4

（三）不同公共空间的差异

比较表 1-1 至表 1-3，可以发现在城市不同的公共空间，语言使用状况存在着明显的差异。首先是体现在不同的语言域上。在城区传统的农贸市场，人们主要是使用当地方言上海话，上海话的使用比例达到60%以上，顾客之间使用上海话的比例高达87.3%，上海话在传统市场领域依然保持着较强的活力；而在商场、银行、通信营业厅等场合，普通话使用比例都在50%以上，普通话在使用上占明显的优势。城市语言状况表现出明显的语言域差异。在语言域差异的背后，是人们潜在的语言使用场合意识，在这一意识影响下，人们会在不同的场合考虑选择使用合适的语言。

公共空间差异还体现在城区不同，语言生活状况也有明显的不同，如表1-3所示，与内环内一些农贸市场里主要是使用上海话相比，内环与中环之间的一些农贸市场则更多是在使用普通话。不同城区的语言生活差异更多是受该区域言语社区的人口构成的影响。不同的本地人口与外来人口的构成比情况，直接影响到当地社区的语言状况。

三 主城区语言状况变化及其原因

近年来，随着城市化进程的快速发展，城市"语言地图"正在改写，城市语言生活发生着较大的变化。上海也不例外，普通话已经进入了上海城市空间的各个领域，普通话在城市公共领域的使用也越来越普及，普通话和上海话互动加速、并存共用，呈现"双言"现象，即高变体的普通话主要是出现在更为正式的场合，而低变体的上海话则主要出现在非正式的场合。但调查也显示，高低变体的使用并非完全界限分明，普通话也在向原来低变体的场域"渗漏"，其在市场、家庭等低层领域的使用越来越多，与此同时，上海话也时不时出现在正式的公共场合以及大众传媒之中。普通话和上海话的使用并没有完全界限分明，与弗格森的"双言制"概念相比，[1] 目前城市中

---

[1] Ferguson, Charles A., "Diglossia", *Word*, No. 15, 1959, pp. 325–340.

的普通话与方言关系，似乎更符合徐大明所提的"后双言制"形态。①

上海一直是一座移民城市，但以前"进入上海的占80%的外地人的语言"并"没有冲垮上海方言"，主要是由于"各种方言之杂足以互相抵消，没有一种方言能有足够的影响力可以排挤或替代上海方言"②，且当年的移民很多是江浙人，其方言与上海方言相近，因此大多会转用上海话。而在现今快速的城市化进程下，进入上海的外来移民的地域来源更为多元化，据2010年第六次人口普查的数据，上海有近900万人的外来人口，其中由江苏和浙江两省流入的数量分别是150.35万人和45.05万人，只占外来人口总量的21.7%。③ 有更多的外来人口是来自于官话方言区，他们的方言与上海话的差异更大。这些新移民在公共场合更倾向于选择使用国家通用语言普通话。与此同时，随着政府大力推广普及普通话，人们在公共场合也更愿意选择具有较高社会声望的普通话作为对外的交际工具，本次调查也证实了这一点（见表2-4）。由于普通话较高的社会声望和地位，以及高效的沟通效率，普通话已成为外来移民和当地人在公共领域共同的重要交际工具。传统强势方言上海话已无法撼动普通话的社会地位和影响力。

进而言之，我们认为尽管当前中国城市语言生活的变化是由多种因素造成的，但经济发展、城市化进程和人口流动是其中最主要的外部动力。当前中国的经济发展直接表现为城市化进程的飞速发展，城市化带来了社会流动，并使大量人口流入东部城市，彻底打破了东部城市的地域封闭性，增加了当地人口与外来人口的语言接

---

① 徐大明、陶红印、谢天蔚：《当代社会语言学》，中国社会科学出版社1997年版，第178页。
② 钱乃荣：《上海语言发展史》，上海人民出版社2003年版，第117页。
③ 数据来源：《复旦大学发布〈长三角人口迁移流动研究报告〉，新上海人仍以苏浙移民为主》，《新民晚报》2013年4月9日A8版。

触和交际范围，城市当地方言与外来方言的接触大大增多，语言接触向纵深化发展，城市当地方言在应对与外来人口交际问题上明显乏力，普通话的作用明显上升。

德斯旺（Abram de Swaan）的语言交际价值"Q值"理论可以很好地解释城市化进程和人口流动是如何造成了普通话普及和方言衰退的现象。① 德斯旺所说的语言交际价值"Q值"由语言的流行度和中心度算出，流行度是指语言使用人数在言语社区总人口中所占的比例；中心度是指语言使用者中兼通多语者在言语社区所有兼通多语者中所占的比例。以语言交际价值的"Q值"理论来看，在三十年前，方言在城市里的流行度和中心度是普通话无法与之抗衡的，城市里的人基本都会说本地方言，使用本地方言就能在城市里畅行无阻，几乎能与城市里的所有人都联系起来，而使用普通话未必会有如此的效能。但现如今，由于城市化带来的移民潮，使城市本地方言的流行度和中心度大大降低，如今在城市里使用方言已经无法完全畅行无阻。普通话的情况则与之相反，由于教育、传媒等各方面因素，本地人口尤其是年青一代基本上都会说普通话，而外来人口即便是学历较低的农民工也会说些带口音的普通话。② 在城市言语社区中，使用普通话所能沟通的人数已经大大超过使用本地方言所能沟通的人数，特别是在与外来人口交际时主要是使用普通话，这些都是城市本地方言目前所无法实现的。此外，社会经济发展和城市化进程在打破区域封闭性的同时，还使不同地区人员之间的交往和流动变得更为密切，全国在形成统一市场的过程中，也只有普通话能够打破区域阻隔，沟通使用各种不同方言的人群，普通话成为整个社会交际网络的语言载体。

---

① ［荷］艾布拉姆·德·斯旺（Abram de Swaan）：《世界上的语言——全球语言系统》，乔修峰译，花城出版社 2008 年版，第 40—42 页。
② 武小军、樊洁：《交际空间与话语选择——流动人口在务工流入地语言实态调查》，《语言文字应用》2012 年第 4 期。

经济发展、城市化进程和人口流动在大幅提高普通话的流行度和中心度的同时，也就使普通话语言交际价值大幅度提高，这是人们学习和使用普通话的内在驱动力。与此同时，城市方言由于自身语言交际价值的降低，其社会地位也就会受到一定的影响。

因此，经济发展、城市化进程和人口流动是普通话推广与普及的重要推动力。社会经济发展和城市化进程使整个社会的联系越来越密切，大量外来人口的流入，也彻底打破了地域封闭性，大大提高了普通话的中心度和流行度，这也就意味着普通话的语言交际价值的大幅提升，方言的语言交际值不断下降，普通话语言交际值的上升是激发人们学习和使用普通话的内在驱动力。

上述调查结果显示年轻人是在公共领域使用普通话最多的群体，我们认为这与当前中小学的普通话教学密切相关。以普通话为教学语言的教育不仅使年青一代具备了良好的普通话能力，而且还促使他们在公共场合主动使用普通话。进一步说，当今学校普通话教育的影响，更在于增强了普通话的中心度和流行度，即懂普通话的人越来越多，说普通话的人数在总人口中的比例不断提高，这样普通话就把越来越多的说各种方言的人联系起来，进而使普通话的语言交际价值越来越大。可以说，普通话教育在推动城市语言生活变化过程中更多的是起着基础性的作用。

综上所述，我们认为城市化和政府大力"推普"是推动当前城市语言状况变化的最主要原因。

四 语言空间与城市语言规划

语言空间[①]指的是语言使用的范围，语言使用空间的大小直接影响到语言的生存能力。在上海主城区的公共领域，不同的语言域

---

① 蔡永良：《语言失落与文化生存——北美印第安语衰亡研究》，上海人民出版社2010年版，第74页。

和不同城区，语言使用状况存在着明显的差异，各种语言的生存状态也各不相同。例如，在传统市场领域，上海话仍然保持着较强的活力，而在商场、银行等领域，普通话的使用占明显的优势。另外，内环与内环以外的不同城区之间，各种语言的生存状况也存在着明显的差异。

因此，要协调好城市中普通话和方言的关系，做好城市语言规划，就需要基于语言功能规划理论，研究各种语言资源在城市不同空间和领域的管理方式，确定其在城市不同领域的使用范围、优先发展次序等问题，实现语言资源在城市不同空间的合理配置，促进各种语言的和谐发展。

在今后的城市语言规划中还应注重保护当地语言资源，适当地保留本土语言的使用空间，避免人们的方言情感向负面转化，进而引发社会问题。要把握好方言保护的尺度，避免对新移民的语言生活造成影响。至于如何把握好尺度，实现城市和谐的双言生活，这是今后必须要关注的问题，也是城市语言规划的重点所在。

五　与长三角地区其他城市语言状况的比较

我们将上海市中心的淮海路商圈数据与长三角地区其他城市中心商圈（南京的新街口商圈、苏州的观前街商圈、无锡的崇安寺商圈和常州的南大街商圈）的数据进行横向比较，以期发现更高层次的语言状况变化规律。表1-6显示，上海中心商圈的普通话使用比例要明显高于长三角地区的其他城市；在长三角地区多个城市的核心商圈中，普通话在使用上均占明显的优势地位。进一步分析还发现（见表1-6），一个城市的经济发展水平和外来人口规模，直接影响到该城市公共领域的普通话和方言的使用状况。经济越发达，外来人口所占总人口的比例越高，该城市公共领域普通话的使用比例也就越高。经济发展水平和外来人口的规模是影响城市语言状况变化的重要外部因素。

表1-6　　上海城区中心商圈的语言状况与长三角地区其他城市的比较①

城市	核心商圈的语言状况 人数	普通话（%）	当地方言（%）	生产总值（亿元）	常住人口（万人）	户籍人口（万人）	常住户籍（户）
上海	725	63.7	37.5	19195	2347.46	1419.36	1.65
苏州	1617	56.5	41.6	10716	1051.87	642.33	1.63
无锡	952	54.9	39.7	6880	643.22	467.96	1.37
南京	1064	50.6	43.1	6145	810.91	636.36	1.27
常州	1149	38.2	61.2	3580	464.97	362.86	1.28

当今社会已经进入了大数据时代，城市语言调查也已不能再局限于对一个城市的调查，当我们将上海的语言状况数据放在整个长三角地区加以考察后，发现了更大范围内更高层次的语言变化发展态势。因此，只有当对整个区域内的城市语言生活状况进行多层次、多角度、多方法和跨城市的系统研究，才能比较清楚地揭示出该区域内城市语言状况的变化规律与发展态势。由此可以说，上海的城市语言状况变化只是长三角地区众多城市语言状况变化中的一幕。

六　小结

通过上述对上海公共空间语言生活状况的实际观测可以发现，普通话已经进入了上海城区各主要领域，并在不少领域占据优势地位，上海话在公共空间中仍然扮演着重要角色，并保持着一定的语言活力。人们在公共场合对外交往过程中更多的是转向普通话；青年人群是公共场合中使用普通话最多的群体，中老年人仍主要是使

---

① 生产总值、常住人口和户籍人口数据分别来自《上海统计年鉴2012》《江苏统计年鉴2012》。南京和苏州的语言状况数据来自南京大学社会语言学实验室于2009年4月和6月的调查，常州和无锡的数据源自作者等人分别于2011年1月、2012年10月的调查。

用上海话。社会大众对于普通话和方言的功能分工已经形成较为明确的观念，人们在不同的场合使用不同语言以实现不同的交际功能。但普通话和上海话在公共空间的功能界限并非完全界限分明，两者在公共空间有一定的交叉和混合。城市语言生活呈现出"后双言"的特征。

在城市化进程中，城市"语言地图"正在改写，城市化、经济发展、人口流动和政府大力推普是推动当前城市语言状况变化的最主要原因。面对城市语言状况的变化，可以基于语言功能规划理论，做好城市语言规划，实现语言资源在城市不同社会生活层面的合理配置。另外，在今后的城市语言规划过程中还应注重保护当地语言资源，适当地保留本土语言的使用空间，实现城市和谐的双言生活。

当前，中国的城市语言生活状况正在发生着快速的变化，及时记录当下城市语言生活状况，也是为今后留下一份真实的社会语言历史档案。

第二节　浦东新城区的语言生活状况与变迁[①]

自改革开放以来，国内多数城市都开启了如火如荼的新城区建设。新城区在由之前的城乡接合部或农村转变为现代化新城的同时，其语言面貌也发生了翻天覆地的变化。新城区开发是当前中国城市化进程的重要组成部分，因此，对新兴城区语言状况的调查研究，可以从中发现城市化进程是如何影响到城市语言使用状况变化的。此外，国内外不少学者认为在工业化过程中会发生言语社区重构的现象。[②] 新城区中是否会发生这种言语社区的重构？目前国内

[①] 本章内容曾以《城市化进程中上海浦东新城区的语言生活状况及其变化研究》为题发表于《语言教学与研究》2015年第6期，后又有所修改。

[②] Van den Berg, Marinus and Xu Daming, *Industrialization and the Restructuring of Speech Communities in China and Europe*, Newcastle: Cambridge Scholars Publishing, 2010, pp. 1–14.

对新城区的语言状况变化及其言语社区重构过程等研究还比较缺乏。

上海市浦东新区是由国务院在1992年批复设立的第一个国家级新区。成立之初，浦东新区的经济总量仅占上海市的8%左右，经过20年的发展，截至2011年年底，其经济总量占到了上海市四分之一以上，已成为上海市重要的国际金融、贸易、高科技、航运等核心功能区。浦东新区的发展巨变是中国改革开放的缩影，研究浦东新城区的语言生活变迁可以从中发现中国改革开放和城市化进程对于城市语言发展的影响。

齐沪扬和张谊生曾在20世纪90年代中期采用问卷调查法调研了当时上海浦东新区的普通话使用状况。① 但很多年过去了，浦东新区的语言状况是否又发生了变化？如果有变化，又发生了怎样的变化过程？新城区的语言政策或语言规划是否应做相应调整？我们于2012年2月至2013年6月采用实地观测的方法对浦东新城区的语言生活状况做了研究。

对上海浦东新城区语言状况的调查，本节仍主要采用20世纪70年代由库珀等人创设的非介入式匿名观察法。该方法后来被范德博、徐大明、陈淑娟等学者广泛运用于调查新加坡、中国台湾地区的城市语言状况，方法已比较成熟。本研究于2012年2月至4月、9月至11月以及2013年3月至6月，先后调查了位于浦东小陆家嘴的正大广场、国金中心，商城路张杨路附近的华润时代广场、第一八佰伴、新梅联合广场，临近世纪大道站的九六广场，芳甸路上的联洋广场，塘桥的巴黎春天浦建店等8家百货或购物中心共1378人次的言语行为，前6家同属于浦东陆家嘴商圈；又调查了属于陆家嘴街道的锦德菜市场、东昌新村菜市场、福山菜市场，花木街道的锦安菜市场，潍坊新村街道的竹园

---

① 齐沪扬、张谊生：《上海浦东新区普通话使用状况和语言观念的调查》，《语言文字应用》1996年第3期。

菜市场等5家农贸市场688人次的言语行为；还调查了位于小陆家嘴的交通银行交银大厦支行、中国银行中银大厦支行、工商银行上海分行第二营业部、工商银行正大广场支行、中国银行正大广场支行、上海银行总行营业部等6家银行共164人次的言语行为；小陆家嘴正大广场里的10家餐馆餐厅共178人次的言语行为。上述调查点均位于内环以内，所在区域属于陆家嘴金融贸易区，同时也是浦东的主城区。

为了全面了解浦东城区语言生活变迁，我们还对在浦东城区工作生活的人作了半结构化访谈。

一　浦东新城区的语言状况

（一）浦东城区商场的语言状况

百货公司和购物中心属于当地重要的商业服务领域，而且区域的核心商圈通常有较大的辐射半径，商圈里的顾客具有一定的区域代表性。调查结果显示（见表1-7），在浦东城区商城里观测的1378次言语行为中，有61.1%是在使用普通话，32.1%在使用上海话，3.0%是兼用普通话和上海话，另有2.5%是使用外语，1.3%是使用外来方言。在浦东的8家商城里，普通话的使用比例都远远超过了上海话的比例，普通话的优势地位相当明显。在商业服务领域，浦东新城区表现出以普通话为主的语言面貌。

具体分析又可发现，陆家嘴商圈中的高端商城国金中心和华润时代广场的上海话使用比例要相对高于同区域的其他商城。此外，位于小陆家嘴的国金中心和正大广场，以及位于联洋社区的联洋广场出现相对较高的外语使用现象。其中，联洋广场之所以使用外语比例相对较高，是与附近联洋社区所居住的外籍人士数量较多有关。

表 1-7　　　　　　浦东城区商场的语言使用状况

地点	商场名	人次	普通话(%)	上海话(%)	普通话和上海话(%)	其他方言(%)	外语(%)
陆家嘴商圈	正大广场	226	61.1	26.1	2.7	5.3	4.9
	国金中心	150	49.3	39.3	2.0	—	9.3
	华润时代广场	136	56.6	37.5	4.4	—	1.5
	第一八佰伴	240	57.1	33.8	8.3	0.8	—
	新梅联合广场	216	73.1	26.9	—	—	—
	九六广场	147	62.6	33.3	—	2.7	1.4
其他	联洋广场	117	67.5	27.4	1.7	—	3.4
	巴黎春天浦建店	146	60.3	36.3	3.4	—	—
	总计	1378	61.1	32.1	3.0	1.3	2.5

（二）浦东城区市场的语言状况

传统的农贸市场主要是为当地社区居民提供鱼肉蔬菜的生活服务场所，其语言使用状况也在一定程度上反映出当地社区的语言面貌。根据在浦东城区的 5 家农贸市场观测到的 688 人次的语言使用行为，可以看出，普通话和上海话是在浦东农贸市场领域使用的主要交际语言。总体上来看，普通话和上海话两者的使用比例比较接近，分别为 46.1% 和 47.5%，普通话和上海话的语码转换现象占 2.6%，其他方言的使用比例仅占 3.8%，另外，没有观察到外语的使用（见表 1-8）。总而言之，在浦东新城区的市场领域，形成了普通话和上海话平分秋色的状态。

进一步分析这 5 家市场，位于陆家嘴街道的 3 家市场的语言使用状况比较接近，普通话和上海话的使用可以说是势均力敌。位于潍坊新村街道的竹园菜市场，由于周围不少老小区，上海话的使用比例较高；而锦安菜市场由于离中心城区较偏，外来方言出现的比例较高，同时普通话使用比例也高达 50.7%，上海话的使用比例则相对较低。

表1-8　　　　　　　浦东城区农贸市场的语言使用状况

所在街道	市场名	人次	普通话（%）	上海话（%）	其他方言（%）	普通话和上海话（%）
陆家嘴	锦德菜市场	273	45.8	49.1	1.5	3.7
	东昌新村菜市场	117	55.6	41.9	1.7	0.9
	福山菜市场	54	42.6	51.9	3.7	1.9
潍坊新村	竹山菜市场	100	31.0	64.0	3.0	2.0
花木	锦安菜市场	144	50.7	36.1	10.4	2.8
	总计	688	46.1	47.5	3.8	2.6

（三）小陆家嘴金融城银行的语言状况

银行是人们日常生活中重要的金融服务机构，也是更为正式的场合。在小陆家嘴金融城的6家银行观测到的164人次语言使用行为中，普通话和上海话是主要的交际语言，其中普通话的使用比例达到了56.7%，上海话的使用比例占31.7%，普通话和上海话语码转换的现象占9.1%，另外，外语的使用比例占2.4%。在银行服务领域，普通话的使用表现出明显的优势，但上海话仍具有一席之地，同时普通话和上海话之间的语码转换现象也非常明显。此外，外语的使用也出现在了金融城的银行领域之中。

（四）小陆家嘴餐馆的语言状况

餐馆餐厅也是人们常去的服务性场所。在小陆家嘴正大广场里10家餐馆观测到的178人次的言语行为中，普通话的使用比例达到71.3%，上海话的使用占21.9%，其他方言占5.6%，外语占1.1%。在浦东的小陆家嘴，普通话的使用占显著优势，上海话仍保持一定的使用空间。具体分析发现与商城的情况一致，中高端餐馆的上海话使用率要明显高于低端餐馆（中高端：普通话66.7%，上海话30%；低端：普通话81%，上海话5.2%；$x^2 = 12.183$，$p < 0.01$）。

二 新城区语言使用状况的社会差异

（一）不同交际模式下的语言使用状况差异

我们将交际类型主要分为"顾客之间""营业员/卖主/工作人员/服务员之间""顾客对营业员/卖主/工作人员/服务员""营业员/卖主/工作人员/服务员对顾客"等四种类型。前两种类型主要是熟人之间的言语交际，属于内部言语交际模式；后两种主要是陌生人之间的言语交际模式，属于外部言语交际模式。

在浦东的商城，普通话在各种交际模式中的使用是比较普遍的现象。顾客之间、营业员之间使用普通话的比例分别达到53.8%和57.7%，而上海话的使用比例分别只有36.4%和38.8%。在交易过程中，顾客使用普通话的比例达到了71.3%，营业员使用普通话的比例更是高达76.4%（见表1-9）。在浦东的商城里，顾客和营业员在由内部交际转向外部交际时，普遍是转向作为高变体的普通话，呈现出"向上聚合"的现象。

在浦东的传统市场领域，不同交际模式下的语言使用有较为明显的不同。由于不少顾客是当地人，顾客之间交谈最主要使用的语言是上海话，使用比例达到了85.7%；其次是普通话的使用，占到了9.5%；最后是其他方言。在交易过程中，顾客对卖主使用普通话的比例大幅度上升，达到44.7%，而上海话的使用比例下降到50.7%，但使用比例仍超过一半。另外，普通话和上海话夹杂的比例占到4.2%。顾客在交易过程中仍倾向于使用上海话，但为了实现沟通，普通话的使用比例显著增加。至于市场上的卖主，主要是外来人员，也有部分是上海人，他们之间的语言使用主要是以其他方言为主，占50.0%，其次是上海话，占30%，再次是普通话，占20.0%。在交易过程中，卖主对顾客主要是使用普通话，使用比例高达59.8%，其次是使用上海话，占34.3%。此外，卖主在招徕顾客吆喝时，使用的语言也主要是以普通话和上海话为主。从顾客和卖主的语言调整过程可以看出，双方的言语适应主要是转向普通话,当然也有一部分顾客在交易中仍坚持说上海话,卖主也作了相应的调整适应。

在浦东小陆家嘴金融城的银行调查发现,在办理业务过程中,顾客和银行工作人员主要是使用普通话,普通话的使用比例分别达到62.1%和63.8%,上海话的使用比例分别只有24.1%和20.7%;但在办理业务过程中,顾客和工作人员双方都较多地出现普通话和上海话的语码转换现象,分别占到10.3%和12.1%,这是因为即使顾客和工作人员双方都是上海本地人,但在这种较为正式的场合,特别是遇到业务专业表达时都会倾向于转用普通话语码。另外调查还发现,银行工作人员内部交际时主要是使用上海话,使用比例达到了66.7%,这主要是与柜台工作人员很多是上海本地人有关。

在小陆家嘴的餐馆调查发现,顾客与服务员之间交流主要是使用普通话,普通话的使用比例分别达到88.2%和96.1%,而上海话的使用比例很低,分别只有7.8%和2.0%。服务员之间内部交际也主要是使用普通话,这与不少餐馆服务员属于外来人口有关。

表1-9　　在浦东城区不同交际模式下的语言使用状况

场域	交际类型	人次	普通话（%）	上海话（%）	普通话和上海话（%）	其他方言（%）	外语（%）
商场	顾客之间	745	53.8	36.4	3.4	2.1	4.3
	顾客对营业员	202	71.3	24.8	2.5	/	1.0
	营业员之间	201	57.7	38.8	3.5	—	—
	营业员对顾客	208	76.4	20.7	2.4	—	0.5
农贸市场	吆喝	14	50.0	50.0	—	—	—
	顾客之间	84	9.5	85.7	—	4.8	—
	顾客对卖主	284	44.7	50.7	4.2	0.4	—
	卖主之间	20	20.0	30.0	—	50.0	—
	卖主对顾客	286	59.8	34.3	2.1	3.8	—

续表

场域	交际类型	人次	普通话（%）	上海话（%）	普通话和上海话（%）	其他方言（%）	外语（%）
银行	顾客之间	12	83.3	16.7	—	—	—
	顾客对工作人员	58	62.1	24.1	10.3	—	3.4
	工作人员之间	36	27.8	66.7	5.6		
	工作人员对顾客	58	63.8	20.7	12.1	—	3.4
餐馆	顾客之间	62	38.7	48.4	—	12.9	—
	顾客对服务员	51	88.2	7.8		2.0	2.0
	服务员之间	14	64.3	28.6		7.1	—
	服务员对顾客	51	96.1	2.0		—	2.0

（二）不同年龄人群的语言使用状况差异

在浦东新城区，不同年龄层人群的语言使用状况表现出明显的差异。无论是在商场、市场还是在银行，年轻人使用普通话的比例最高，分别达到68.0%、76.1%和77.1%，而使用上海话的比例则分别只有24.3%、21.7%和17.1%；老年人使用上海话的比例最高，在商场和市场，老年人使用上海话的比例高达100%和78.5%，普通话的使用比例最低。中年人的普通话和上海话使用情况介于年轻人和老年人之间。浦东新城区的语言使用状况表现出明显的年龄层化现象。年轻人偏向于使用普通话，而老年人偏向于使用上海话。

另外，银行里的顾客使用普通话的比例要高于商场里的，而商场又高于市场，这一方面与场合的正式程度有关，另一方面这也与这些场合所出现人群的年龄层有关，商场和银行里出现的主要是青年和中年人群，而市场里出现的主要是中年和老年人群。不同年龄层次的人群直接影响了不同场域的语言使用情况。

表1-10　　浦东城区顾客语言使用状况的年龄差异

场域	顾客年龄段	人次	普通话（％）	上海话（％）	普通话和上海话（％）	其他方言（％）	外语（％）
商场	青年	629	68.0	24.3	3.3	1.6	2.7
	中年	310	38.1	51.6	2.9	1.9	5.5
	老年	8	—	100	—	—	—
市场	青年	46	76.1	21.7	2.2	—	—
	中年	257	34.6	60.3	3.1	1.9	—
	老年	65	16.9	78.5	4.6	—	—
银行	青年	35	77.1	17.1	5.7	—	—
	中年	35	54.3	28.6	11.4	—	5.7

三　新城区语言状况的变迁及原因

新城区语言状态的形成及其变化是城市化过程中的重要现象，研究和掌握新城区语言状况的调查研究有助于我们了解城市化进程中的语言的发展和变化。"在1990年，浦东经济占上海的比重为8％，陆家嘴地区基本为简陋住房组成的棚户区"，"浦东新区属于城乡混合型地区，居民中的不少一部分是原来的农村人口"[①]，而随着浦东新区的建设，城市化进程突飞猛进，如今浦东新区的经济总量占上海市的四分之一以上，成为上海重要的国际经济、贸易、金融、航运中心的核心功能区，同时也成为长江三角洲经济发展的龙头。浦东新区在变身现代化城市的同时，其语言面貌也发生了巨大的变化，齐沪扬等人当时调查发现"原来说上海话的人仍然在大多数场合下说上海话"，"从外地迁入浦东新区的人，即使他们本身能说比较流利的普通话，但在大多数交际场合中，他们得适应或者至少得容忍上海话的流行，因此，不是说上海话的人去适应他们，而是他们努力去迎合或迁就说上海话的人"，"在某些服务行

---

① 齐沪扬、张谊生：《上海浦东新区普通话使用状况和语言观念的调查》，《语言文字应用》1996年第3期。

业工作的人即使在工作场合也主要说上海话"。①

但我们调查发现，在现今的浦东城区，普通话的使用已是普遍现象，比如在商场，普通话的使用比例达到60%以上。在公共领域，人们在由内部交际转向外部交际的过程中，语言主要是转向普通话，普通话成为沟通来自不同地域人群的最主要交际工具。在服务行业工作的人员，比如商场的营业员、银行的工作人员、餐馆的服务员在工作场合对顾客也主要是说普通话。与十五年前的情况相比，浦东城区的语言面貌发生了巨大的变化。在个案访谈中，很多人都表达了在这十几年中普通话在浦东越来越普及的感受。应该说，普通话的普及是新城区语言状态变化过程中最为显著的特征。

我们认为城市化进程是新城区共同语普通话推广的最主要动力。在城市化进程的背后，是大量外来人口的不断流入，根据《上海统计年鉴2012》，浦东新区2011年年末有517.50万常住人口，其中外来人口214.64万人，占41.48%，与同期上海老城区黄浦区27.06%、静安区21.55%和徐汇区26.05%相比，浦东新区吸引了大量的外来人口。② 短期内导入的大量外来人口中，有很多是受过高等教育的专业技术人才、管理人才等，他们很少会去迁就说上海话的人。再加上普通话作为国家共同语的优势地位越来越明显，人们在新城区越来越倾向于选择普通话来实现不同人群之间的沟通。例如，家住陆家嘴国际华城的高先生（53岁，某集团董事），20世纪90年代初从温州来上海办公司，当年学说了一点上海话，约五年前将一家人从温州迁来上海，现在除了在家里说温州话以外，其他场合主要都是说普通话，妻子和女儿现在也不会说上海话，在他们所生活的社区，"碰到说上海话的人不多"。王N（31岁，公司职员）在浦东张江高科园区的一家技术服务公司工作，来自辽宁

---

① 齐沪扬、张谊生：《上海浦东新区普通话使用状况和语言观念的调查》，《语言文字应用》1996年第3期。

② 参见上海市统计局《上海统计年鉴2012》，http://www.stats-sh.gov.cn/tjnj/tjnj2012.htm。

的她并不打算学说上海话，因为现在她"一开口说普通话，别人一般也会回普通话，……就是楼下的上海老奶奶会用上海话回答，但重复问她几遍，她也就用别扭的普通话回答了"。如今的外来移民很少会去适应或迁就说上海话的人，这与齐沪扬等人当年的调查结果有着明显的变化。浦东新区为数众多的外来人口改变了当地的语言面貌，推动了普通话的普及。

浦东新区语言面貌之所以发生巨大变化，是因为与国家推普密切相关。国家大力推广普通话，自然会促使人们在公共场合更多地选择使用普通话。特别是自20世纪80年代以来，学校领域的推普力度不断增强，年轻人自幼就受到良好的普通话教育，他们拥有良好的普通话能力，他们在新城区的公共场合也表现出更愿意使用普通话。在新城区的实地观测中，年轻人越多的公共场所，普通话的使用率也越高。在个案访谈中，家住乳山路的孙YR（22岁）从小就生活在陆家嘴，父母是当年从杨浦区迁来的，她当年在福山外国语学校读小学时，除了课堂上说普通话以外，"课间也不敢说上海话，因为说上海话会被老师批评"，"到了上中学以后才有些放松"。如今在浦东的公共场所，她主要是说普通话，也说上海话，回到家里主要是说上海话，她感觉不少父母所使用的上海话词汇她已不用了。家住民生路的瞿YB（20岁）也反映当年读小学（新区第二中心小学）时学校强调说普通话，现在她"在浦东的商场、银行这样的场所基本上是说普通话，父母倒是在说上海话"，自己在家里和父母交流时"普通话和上海话基本上一半对一半，父母也会夹杂一些普通话"。而家住浦东洋泾的陆F（21岁）尽管父母都是上海人，父母之间也是说上海话，但自己现在已是"不太会说上海话了"，"上学以后同学之间都是说普通话"，在家里自己和父母（医生和教师）也都是说普通话，"现在（说普通话的）习惯想改也改不过来"。陆F或许是一个比较极端的个案，但如今，在学校普及普通话教学的情况下，浦东新区年青一代确实掌握了良好的普通话能力，他们在日常生活中经常使用普通话也已是一个不争的事实,这也促使了浦东新城区呈现出普通话越来越普及的现象。

四 多语空间与言语社区重构

除了普通话在新城区的普及之外,调查还发现,在浦东新城区,上海话依然保持着一定的活力。在以中老年人为主的集贸市场领域,顾客之间使用上海话的比例高达85.7%,顾客对卖主说上海话的比例也达到了50%以上;在年轻人较多的商场,上海话的使用比例保持在30%左右;在陆家嘴金融城的银行,上海话的使用比例也有30%左右。在新城区,未必如一些人所想象的那样,完全成为普通话的天下,或者说上海话完全退出了公共领域,上海话在一些领域仍然保持着一定的使用比例。这是因为,在新城区的建设过程中,很多当地人依然会选择留在当地,另外,新城区也在不断吸引旧城区和周围本地人口的迁入。以上这些人群,尤其是中老年人依然偏好于使用上海话。另外,在小陆家嘴和一些国际社区,随着外籍人士的出现,也使外语出现在浦东新城区的一些公共领域之中。外来方言在新城区也占据一定的使用比例。不同的语言空间因为不同的人群结构、不同场域的属性,语言使用表现出多元复杂的情形。

因此,在整个城市化进程中的浦东新城区由于同时存在几类人群:当地人群、旧城区人群、外来高层次人群、外来流动人群、外籍人群等,不同人群共同生活在新的城区,整个新城区与此同时也就开始发生"言语社区重构"(Speech Community Restructuring)。不同语言背景、不同语言能力的不同人群正在重新整合成一个新的言语社区。我们认为,这个新的言语社区将会形成以普通话为主、上海话仍保持一定使用空间、各种语言和方言共存的多元形态,而在这其中,普通话将发挥着重要作用。即使是一些在浦东土生土长的本地人也有着类似的看法,如王LY(29岁,影视编导)认为在这里"普通话今后肯定是主流,因为上海的国际化,……外来人口的比例会超过本地人口"。

五 城市新区的语言规划

新城区的语言状况发生了较大的变化，与之相应，新城区的语言规划也应做相应的调整。面对这种多元状况，需要有预制方案。齐沪扬等人在当时上海话独大的情况下提出了在浦东新区应该采取"促进和强化推普的策略"，"建立普通话的语言环境"。① 如今，在浦东新区，尤其是核心城区在已是普通话基本普及的情况下，新城区的语言规划可以考虑转向保存城市语言资源和加强城市语言服务方面，通过对城市语言资源的保护、发展与利用，并根据新城区公众的需求，提供统筹兼顾的社会语言服务，来解决当前城区的语言问题。

当前新城区语言规划所面临的是城区中的各语言关系，这主要是普通话、城市方言、外来方言和外语之间的关系，以及各语言使用人群之间的关系，这主要是本地人群、外地人群和外籍人群等之间的关系。不同人群有着各自不同的语言服务和语言空间需求，外来人群在要求继续加强推广普通话的同时，本地人群则希望加强本地方言的保护与使用。城市语言规划在很大程度上是对城市语言资源和语言空间的管理与分配。因此，当前新城区的语言规划，可以基于语言功能规划理论，在调查了解城区语言使用分布的情况下，制定各种语言资源在新城区不同领域和层面的管理方式，确定在新城区不同领域的使用范围、优先发展次序等问题，实现语言资源在新城区不同社会生活层面的合理配置，以达到积极利用各种语言资源、因地制宜地解决好各种复杂的语言问题、提供不同群体所需语言服务的目的。

本节通过对上海市浦东新城区语言状况的实际观测和个案访谈，发现其语言生活状态已经从总体上的上海话单语转变为"以普通话占主导，上海话仍然保持一定使用空间，多种方言和语言共

---

① 齐沪扬、张谊生：《上海浦东新区普通话使用状况和语言观念的调查》，《语言文字应用》1996 年第 3 期。

存"的多语多言的社会语言面貌。我们认为,城市化进程和普通话的推广政策是导致浦东新区发生语言状况变化的最主要原因。新城区的言语社区重构对城市语言规划提出了新的挑战,新城区的语言规划需要满足新城区不同人群对语言服务和语言空间的需要,这也是值得我们继续深入讨论的课题。

第三节 城市核心商圈的语言景观

城市公共语言空间不仅包含口头语言材料,也包括书面语言材料,如公共标识等。在以往人们对公共空间语言标识的研究证明,公共标识是塑造城市多语多文化生态的重要手段。语言景观,即是对多语的公共标识的研究,目前已成为社会语言学的研究热点,语言景观调查也成为城市社会多语生态研究的常用方法之一。

语言景观是指公共场所向人们所展现的语言风貌,"公共路牌、广告牌、街名、地名、商铺招牌以及政府楼宇的公共标牌上的语言共同构成某个属地、地区或城市群的语言景观"。[1] 语言景观不仅直接反映出语言的社会地位,而且也折射出城市的多语生态以及语言之间的关系。语言在公共空间的展现方式还体现出人们对于语言及其使用者的意识形态。此外,政府、行业以及服务业所设立的语言景观,体现了其向社会提供服务的水平,是一座城市国际化的重要标志。

本节以上海核心商圈南京路步行街的语言景观为研究对象,并以北京王府井商业街的语言景观为对照,分析城市公共空间中语言景观的现状、问题,并探讨如何提升语言景观水平以提升城市公共空间的语言环境和语言服务水准。

上海的南京路步行街和北京的王府井商业街,都是全国闻名遐迩的商业街,其所在区域也是城市的地标,其公共标识代表了一个

---

[1] Landry, Rodrigue and Richard Bourhis, "Linguistic Landscape and Ethnolinguistic Vitality: An Empirical Study", *Journal of Language and Social Psychology*, Vol. 16, No. 1, 1997.

城市语言景观的水平。我们于2014年7月至8月用数码相机拍照的方式,搜集了道路两侧可视范围内的语言标牌,包括路牌、门牌、建筑名牌、店名招牌、商业海报、广告牌、警示牌、信息牌等。完成语料搜集工作后,根据标牌的语言种类、语言类型、主体语言、设立者、功能、场所、地点几个方面对语料进行编码分类。编码时,每一个语言实体无论其大小,在统计时都算作一个标牌,完全相同标牌只算一个。整个编码过程由两人分别进行,并作校对。最后运用SPSS社会统计软件计算出各类标牌的数量和比例。

一 核心商圈语言景观的基本状况

(一) 基本状况

在上海市南京路步行街搜集到的919块语言标牌中(见表1-11),汉语单语标牌数量最多,占到总数的45.9%,其次是汉英双语标牌,占39.4%,英语单语标牌,占10.8%。另外还有少量的各种双语、三语和四语标牌。共计有51.6%的语言标牌上出现了英语。

在北京王府井商业街搜集到的539块语言标牌中(见表1-11),同样是汉语单语标牌数量最多,占到总数的50.1%,其次是汉英双语标牌,占总数的37.7%,接着是英语单语标牌,占9.3%,另外还有少量的法语标牌、中日双语标牌以及中文和拼音标牌。共计有47%的语言标牌上出现了英语。

相较于北京的王府井商业街,上海市南京路步行街的语言标牌类型更多,语种也更多,但汉语单语标牌、汉英双语标牌和英语单语标牌各自所占的比重与王府井商业街相比差别不大。总体而言,两地商业街的语言景观共性大于个性,比如两者约六成的标识是单语标识,这其中大部分是汉语单语标牌;其余的约四成的双语标牌中,绝大多数是汉英双语标牌。汉语单语和汉英双语标识共同构成了两地语言景观的主体,其他类型的语言标牌数量都很少。此外,英语在公共场所中的出现率较高,英语在都市的社会语言生态中有着不容忽视的地位。

表1-11　　　上海市南京路步行街和北京市王府井
商业街的语言景观状况

种类	语言类型	上海南京路步行街 数量（块）	上海南京路步行街 百分比（%）	北京王府井商业街 数量（块）	北京王府井商业街 百分比（%）
单语	汉语	422	45.9	270	50.1
	英语	99	10.8	50	9.3
	外语（非英语）	3	0.3	1	0.2
	汉语+拼音	10	1.1	13	2.4
双语	汉语和英语	362	39.4	203	37.7
	汉语和欧洲语言（非英语）	4	0.4	—	—
	汉语和日语	2	0.2	1	0.2
	汉语和韩语	1	0.1	—	—
	汉语和少数民族文字	—	—	1	0.2
三语	汉语、英语、日语	4	0.4	—	—
	汉语、英语、韩语	2	0.2	—	—
	汉语、英语、其他外语	5	0.5	—	—
四语		3	0.3	—	—
总数		919	100	539	100

（二）多语标牌中的主导语言

我们根据语言标牌中语言所在位置、大小和所占空间，确定每个语言标牌中的主体性语言或优势语言。在双语或多语标牌中，以汉语为优势语的语言标牌占据了绝大多数，两地分别有88.3%和86.8%的双语或多语标牌是以汉语为优势语言，只有11.7%和13%的双语或多语标牌是以英语为优势语言。由表1-12可知，这些以英语为优势语言的双语或多语标牌基本上都是私人或商家所设置的，政府所设置的双语或多语标牌大都是以汉语为主体，我们仅在王府井商业街搜集到一张亚太经合组织会议的政府宣传海报是以英语为主体语言的公共标识。

大多数语言标牌以汉语为主体不仅是因为标牌的设立者和阅读

者都是汉语本族使用者，还与政府有关部门对公共场所标识语的管理有关。但在这种情况下，仍有一定比例的语言标牌是仅用英语或以英语为优势语言，这无疑反映出民间对于英语的推崇心态，以及英语在当今中国社会具有一定的优势地位。

表1-13 双语或多语标牌中的优势语言

优势语言	上海市南京路步行街 官方设置 数量（块）	上海市南京路步行街 官方设置 百分比（%）	上海市南京路步行街 民间设置 数量（块）	上海市南京路步行街 民间设置 百分比（%）	北京市王府井商业街 官方设置 数量（块）	北京市王府井商业街 官方设置 百分比（%）	北京市王府井商业街 民间设置 数量（块）	北京市王府井商业街 民间设置 百分比（%）
汉语	44	100	290	85.0	24	96.0	157	87.2
英语	—	—	50	14.7	1	4.0	23	12.8
外语（非英）	—	—	1	0.3	—	—	—	—
总计	44	100	341	100	25	100	176	100

（三）不同设立者所设标牌的语言使用差异

调查结果显示，不同设立者所设的语言标牌存在着较为明显的语言类型差异。从表1-13可以看出，政府所设公共标识的语言类型比较简单，最多的是汉语单语标牌，61.9%（南京路）和46.9%（王府井）的政府所设标牌为汉语单语标牌，其次是汉英双语标牌，这类标牌在所有政府所设标牌中占到37.3%（南京路）和39.1%（王府井）。另外，北京王府井商业街还有14.1%的政府所设语言标牌为汉语+拼音类型的标牌，这主要是路名牌和门牌，但在上海这类标牌的出现率极低，只占0.8%。两地政府所设语言标牌均以汉语为主，即使是汉英双语标牌也是以汉语为优势语言，比较集中地体现了国家法规、政策，语言景观也传达出地方管理部门共同的汉语主权意识，以及将英语作为重要的辅助交际工具的观念。

在大量的民间所设语言标牌中，语言类型更趋多样化，但同样是汉语单语标牌所占的比例最高，占到所有民间标牌的42.9%（南京路）和50.5%（王府井）；其次是汉英双语标牌，占到

40.1%（南京路）和37.5%（王府井）。民间所设标牌中有不少英语单语标牌，两地各占到了12.5%（南京路）和10.5%（王府井）。此外，还有少量的各种双语、三语乃至四语标牌。非官方语言标牌的多样性，折射出民间社会语言生活的丰富多元化。

表1-13　　不同设立者所设标牌的语言使用情况

地点	设立者	数量（块）	汉语（%）	汉语+拼音（%）	汉语和英语（%）	英语（%）	其他（%）
南京路步行街	官方	126	61.9	0.8	37.3	—	—
	民间	793	42.9	1.3	40.1	12.5	3.3
王府井商业街	官方	64	46.9	14.1	39.1	—	—
	民间	475	50.5	0.8	37.5	10.5	0.6

（四）不同功能类型标牌的语言使用差异

斯波斯基和库珀[①]在《耶路撒冷的语言》一书中根据语言标识的功能和使用将标牌分为：路名牌、广告牌、警示牌、建筑名牌、信息牌、纪念牌、物品名牌以及涂鸦等。我们参考其分类方法，将搜集到的语言标牌分为表1-14中的八类。

路名牌和门牌，这类标牌上的地名标志为法定的国家标志物，地名标志上的书写、拼写内容及形式具有严肃的政治性，涉及国家主权和尊严，必须遵照国家政策，[②] 通常也是由政府部门所设置，由表1-14可以发现，上海南京东路的路名牌主要是采用汉语+英译的形式，而北京王府井商业街的路名牌主要是采用汉语+拼音的形式。两地路名牌在以汉语为主体的形式下，对于路名通名的标注方式不尽相同，北京采用拼音标注，而上海则倾向于用英语

---

① Spolsky Bernard and Cooper Robert L., *The Languages of Jerusalem*, Oxford: Clarendon Press, 1991, pp. 79-80.
② 王克非、叶洪：《都市多语景观——北京的多语生态考察与分析》，《语言政策与规划研究》2016年第1期。

译写。至于门牌，北京王府井有55.6%的门牌是汉语+拼音的形式，门牌右下角多标注"北京公安局监制"，其余是汉语单语和汉英双语门牌。上海南京东路上的门牌基本上都是汉语单语标牌。

建筑物名牌、企事业单位名牌、商业机构店名招牌等主要是体现该建筑物的归属或性质。在上海的南京路步行街和北京王府井商业街，这类标牌的语言分布情况两地差别不大。两条街分别有40.0%（南京路）和47.0%（王府井）的这类标牌是汉语单语标牌，分别有37.7%（南京路）和38.2%（王府井）的标牌是汉英双语，此外17.0%（南京路）和12.4%（王府井）的标牌是英语单语，用英语单语的主要是国外品牌专卖店的店名牌，反映了一种国际化的消费取向。

广告牌和宣传海报主要是用于推销商品、服务或推广活动的商业性标牌，标牌上所使用的语言不仅反映出这类公共标识所想吸引的目标群体，也反映出这些商品或服务所要凸显的个性特征。两条街的情况比较类似，分别有43.3%（南京路）和54.7%（王府井）的标牌是汉语单语，40.5%（南京路）和34.0%（王府井）标牌是汉英双语，12.1%（南京路）和10.4%（王府井）的标牌是英语单语。

警示牌主要是传达警告或禁止信息，如禁止停车的交通警示牌、禁止吸烟、小心台阶等具有警示功能的语言标识。北京王府井商业街的警示牌汉语单语标牌占61.1%，汉英双语标牌占33.3%；上海的南京路步行街则是汉语单语标牌和汉英双语标牌各占一半。

信息牌则主要是指示方向的标牌、营业时间的告示牌等，在某种程度上来说具有提供语言服务的功能。这类标牌两地大致上都是汉语单语标牌和汉英双语标牌约各占一半。

纪念牌主要是历史性建筑物、遗迹或百年老字号的介绍性标牌，这类标牌两地都是以汉英双语标牌为主，这可能是标牌设立者考虑到这类标牌要面向来北京和上海的国外游客。另外，还搜集到少量的物品名称牌,这主要是以汉语单语为主。

表1-14　　　　不同功能类型标牌的语言使用情况

类型	地点	数量（块）	汉语（%）	英语（%）	汉语和英语（%）	汉语+拼音（%）	其他类型（%）
路名牌	南京路	12	—	—	91.7	8.3	—
	王府井	3	—	—	—	100	—
门牌	南京路	28	96.4	—	3.6	—	—
	王府井	9	33.3	—	11.1	55.6	—
建筑名牌、店名牌、机构名牌	南京路	300	40.0	17.0	37.7	2.3	3.0
	王府井	217	47.0	12.4	38.2	1.4	1.0
广告牌、宣传海报	南京路	365	43.3	12.1	40.5	0.8	3.3
	王府井	212	54.7	10.4	34.0	0.5	0.4
警示牌	南京路	16	50.0	—	50.0	—	—
	王府井	18	61.1	5.6	33.3	—	—
信息牌	南京路	166	48.8	1.8	46.4	—	3.0
	王府井	66	47.0	—	51.5	1.5	—
纪念牌	南京路	10	40.0	—	60.0	—	—
	王府井	8	25.0	—	75.0	—	—
物品牌	南京路	4	50.0	25.0	25.0	—	—
	王府井	5	80.0	—	20.0	—	—

（五）不同领域标牌的语言使用差异

在搜集到的标牌中,有大量是来自于商业购物场所、公共服务场所和餐饮场所的语言标牌。比较这些不同场域的公共标识,可以发现语言标识的场域特色。由表1-15可知,无论是在北京的王府井商业街,还是在上海的南京路步行街,汉英双语标牌出现频率最高的都是在公共服务领域,比如银行金融、电信移动等服务机构,出现比例高达56.6%（南京路）和48.8%（王府井）,双语标牌是典型的国际化和本土化的结合,既体现本土性和民族性,也具有国际化的象征性,同时也满足中外顾客的心理和现实需求。商业购物领域是英语单语标牌出现率最高的场域,这些英语单语标牌主要是来自国外的品牌名、商品广告牌、国际连锁店招牌等,设立者继续使用英语而并没有译成中文,也是想继续利用英语凸显其商品的时尚性和国际化,以吸引追求国际时尚的人群消费,商业领域大量的标牌用英语而不译成中文,也反映了英语及其所代表的经济文化在世界的主导地位。① 餐饮领域是汉语单语标牌出现率最高的地方,这主要是因为商业街最多的仍是中餐馆。

表1-15　　　　不同领域场所标牌的语言使用情况

地点	领域	数量（块）	汉语（%）	英语（%）	汉语和英语（%）	汉语和拼音（%）	其他类型（%）
上海南京路步行街	餐饮	132	57.6	9.1	22.0	2.3	9.1
	商业购物	517	39.8	15.7	40.4	1.4	2.7
	公共服务	76	42.1	1.3	56.6	—	—
北京王府井商业街	餐饮	21	61.9	4.8	33.3	—	—
	商业购物	410	50.7	11.0	36.1	1.7	0.4
	公共服务	43	46.5	4.7	48.8	—	—

二　语言景观的主体性与多样性

研究发现,上海南京路步行街和北京王府井商业街的语言景观存在很多共性的地方,比如语言标牌主要是以汉语单语和汉英双语类型为主,这两种类型涵盖了两地85.3%和87.7%的语言标牌。两地汉语单语、汉英双语和英语单语标牌的比例大致成5∶4∶1的态势。国家通用语言文字是大多数语言标牌的主体性语言。政府所设语言标牌的类型比较单一,且基本上都是以汉语为主体性语言,集中体现了国家意志、权力和国家语言政策。

---

① 王克非、叶洪:《都市多语景观——北京的多语生态考察与分析》,《语言政策与规划研究》2016年第1期。

另外，城市语言景观也呈现出多元化的趋势。相较于政府所设的语言标牌，私人、商家、企业所设的语言标牌更加自由，其语言景观呈现为多样化，语言种类也更多，南京路步行街上一些商家的标牌存在三语乃至四语的。不同功能、不同领域的语言标牌类型也呈现出各自的特色。

即使是语言类型相对单一的官方所设标牌，其具体的语言形式也是多样化的，最明显的就是对王府井商业街街名的译写或标注存在"一路多名"的情形，路名牌和北京公安局监制的门牌上是直接加注拼音 WANGFUJING DAJIE，道路交通指示牌上是用专名拼音+通名英语缩略词 WANGFUJING St. 来译写，路边的指引牌上用专名拼音+通名英语 WANGFUJING STREET 的译写方式，机场巴士站名牌上则译写为 Wangfujing Street，此外还有少数门牌将王府井商业街译写为 Wang Fu Jing Street 的（新中国儿童用品商店门牌）。在南京路步行街，除了搜集到一块路名牌上用拼音 NAN JING DONG LU 标注外，其他路名牌和道路交通指示牌上均采用 Nanjing Rd.（E）的译写方式，但在南京路步行街管理办公室制作的路程示意图上却又译作 East Nanjing Road。

语言景观的多样化还体现为北京与上海的语言标牌又各具地方特色。即便都是由交通管理部门设置的道路交通指示牌，对于道路通名前的东西南北和地名专名拼音大小写的处理方式两地也各有不同，北京王府井的道路交通指示牌上"灯市口西街"译写为 DENGSHIKOU West St.，上海南京东路的道路交通指示牌上"北京东路"则译写为 Beijing Rd.（E）。

语言景观的多样性一方面是与设置主体和主管部门的多元性有关，上述南京东路和王府井商业街上的路名译写"一路多名"即是明证，道路交通指示牌由地方交通管理局设置管理，路名采用英译的方式，而路名牌和门牌主要是由地方民政局、公安局设置管理，路名基本采用拼音标注的方式（见图1-1）。事实上，工商行政、民政、交通、绿化市容、旅游、商业、金融等各部门其所管辖领域

图 1-1　北京王府井商业街（左）和上海南京路步行街（右）的道路交通指示牌

或多或少都会涉及语言标牌，管理主体的多元性，自然就有可能会造成语言景观的多样性。另外，语言景观的多元性也与各自所适用的法规有关，正如路名牌标写所遵循的《路名管理条例》《地名管理条例实施细则》、国标（GB17733.1-1999）《地名标牌城乡》都要求地名汉字下面标注汉语拼音，汉语拼音的拼写方法按照《中国地名汉语拼音字母拼写规则（汉语地名部分）》的规定拼写。而交通信息指示牌所采用的英语译写所遵循的是国标（GB5708）《道路交通标志和标线》，其规定"根据需要，可并用汉字和其他文字。当标志上采用汉英两种文字时，地名用汉语拼音，专用名词用英语"。国内各种法规条例在不同领域的实施，造成了语言景观的多样性。此外，人们的语言观念、意识和认同也造就了语言景观的多样性。人们选择标牌用英语或英语译写，其背后更多是认为其更加国际化、现代化，而选择汉语或拼音拼写，其背后则是民族认同、国家主权意识。因此，语言景观多样性的背后也是国际化和本土化之间的较量，从另一个侧面也可以看出地方语言政策的国际化程度。

三　英语在城市公共场所的传播与象征性

随着我国城市国际化程度的提高，城市公共场所的英语使用率越来越高。1997年在部分城市（北京、上海等九座城市）的调查显示，外文在城市商业区的社会用字中使用数量只占 20%—30% 左右。[①] 本节所调查的上海南京路步行街和北京王府井商业街公共场所的语言标牌，发现分别有 51.6% 和 47% 标牌上出现了英语。英语的高可见度和凸显性，说明英语在中国都市社会语言生活中占据重要地位，已成为城市语言景观的重要构成元素。另外，这也是中国日益加快的全球化进程，英语作为全球通用语在中国国内传播扩散的例证。政府所设语言标牌上的英语，不仅仅是信息性的或工具性的，在为外籍人士提供语言服务的同时，也具有象征性，是城市的国际化、现代化的象征。而商业性标牌上大量出现的英语，不仅具有装饰性功能，上面的英语还被赋予了国际化、潮流、时尚的象征意味。商家在标牌上用英语来凸显自身或商品的时尚、潮流以及国际品质，也是迎合消费者追求国际化、都市时尚的心态。

四 城市国际化语言环境建设

公共空间的语言标识是城市语言环境的重要构成元素，但调查发现，当前大城市公共空间的语言标识仍存在以下问题：一是服务型语言标牌的语种单一，多数信息牌和警示牌仅用汉语，例如南京东路的不少指路牌就仅使用汉语（见图 1-2），即便是载有外文信息的标牌，语种也仅限于英语，政府部门对于外语服务的观念仍局限在英语上，当前要倡导公共信息服务系统的多语种化；二是尽管目前已经出台了有关公共场所语言标识的规范标准，但语言标识的规范化问题仍然突出，例如在街名标注上存在两大系统与地方特色，标牌上的外文存在错用、滥用和混用问题。公共标识的标准化和规范化问题，不仅会造成国内外游客的困惑，另外也会影响国际化大都市的形象。

上述这些现象反映了我国大都市的国际化语言环境建设和服务水平与城市对外开放和国际交往中心功能建设的要求相比还有很大差距。这些问题肯定会进一步阻碍城市向更深层次拓展对外交流合

[①] 魏日宁、苏金智：《中国大城市外语使用情况调查分析——以北京、上海、天津、广州、深圳、重庆和大连为例》，《外语教学与研究》2011 年第 6 期。

作的发展，当前亟待通过顶层设计、立法监管等多种治理方式来加以解决。

首先，要从长远战略角度设计与全球城市相匹配的语言景观体系，构建与之相适应的国际语言环境制度体系。这需要深入实地调研都市语言生活、语言服务和管理状况，结合人口结构和实际需求，做好语言景观的功能规划和语种规划，发挥政府部门的作用，扎实推进调查研究，推动将城市公共语言空间的治理从碎片化走向系统化，从严格规范走向管理与服务并重的方向。

其次，要做好语言地位规划，在坚持国家通用语言文字主权地位、坚持文化自信的同时，有必要提供适度的外语服务，规划城市不同空间的语言使用秩序和地位。

再次，推动语言景观的地方立法和监管制度建设。目前在缺少国家层面上位法的情况下，各大城市可借鉴北京等城市有关国际交往语言环境建设方面的地方性探索，完善地方语言景观治理立法，填补治理的"真空地带"。一方面要强化刚性约束，明确设置和使用外语标识的规范，建立城市语言景观的评估监管体系，明确政府相关主管部门的监督管理职责，加强对公共空间语言景观的精细化管理；另一方面也需要柔性管理，妥善处理国际化和本土化之间的矛盾。

图1-2 南京东路上只有汉语的指路牌

最后，要鼓励多元社会主体参与公共空间的语言治理。语言景观的创设者涉及政府、机构、个体等多元主体，要借助语言景观治理推动不同主体间打破隔阂，促进互相体认，形成城市语言环境建设的价值共识，提高国际化城市的社会融合度，由此真正实现中国城市的高水平对外开放。

第二章

城市不同人群的语言生活议题

第一节 本地青少年的语言生活
变迁与方言传承[①]

近年来,社会各界不断发出"保护方言"的呼吁和诉求,这其中最为社会各界所关心的便是青少年一代的方言能力。年青一代的语言再生产是语言生命力的重要组成部分,其语言使用情况以及语言态度是一种语言能否保持下去的关键。[②] 当前社会普遍意识到城市青少年的方言能力远不如上一代,这就引发了人们对方言前途命运的担忧,甚至逐渐发展成为群体性行为。[③] 至于如何认识当前青少年的方言能力,学界也存在不同观点,如有学者认为尽管当前青少年的方言能力不强,但方言能力会随着年龄的增长而增强,青少年使用方言的能力是良好的,方言并没有衰

---

① 本节内容曾以"近十五年来上海青少年方言使用与能力的变化态势与影响因素"为题发表于《语言文字应用》2016年第4期。

② 李宇明、戴红亮:《关注本土语言调查,关心现代语言生活》,《中央民族大学学报》2008年第2期。

③ 张日培:《上海人热议"上海话"》,载教育部语言文字信息管理司组编《中国语言生活状况报告(2014)》,商务印书馆2014年版,第116—121页。

亡，只是在变化中；① 也有不少学者因青少年的方言能力低下进而引发对方言前途命运的担忧。② 青少年方言能力的真实情况如何？方言能力是否确实会随年龄增长而提升，这些都需要实证调查以检验。

一　研究概况

上海话一直是长三角地区的传统强势方言，近年来上海社会各界不断发出"保护上海话"的呼吁和诉求，"保护上海话"的话题在上海语言生活中不断升温，这其中青少年的上海话能力是关注的重点。③ 已有涉及上海市青少年方言能力的调查主要有：2000年前后由教育部和国家语委组织的"中国语言文字使用情况调查"，之后的《中国语言文字使用情况调查资料》中发布了2000年前后上海市学生群体的普通话和上海话使用状况数据；孙晓先和蒋冰冰等人以2005年"上海市学生语言使用情况调查"课题组的数据为基础，对两代生于并长于上海的8661名大中小学生的语言行为、语言态度和语言能力进行了问卷调查分析，④ 该研究发现，上海市学生语言使用情况已呈现出较为典型的双语双方言现象，学生对待上海话的态度是肯定的，使用上海话的能力是良好的，学生的上海话能力和使用率会随着年龄的增长而提高，因此认为上海话是在演变中，而不是在衰亡中。2007年上海大学文学院对上海城区部分初中、高中和大学生的语言习得、语言精通和语言使用等方面进行问

---

① 游汝杰：《方言与普通话的社会功能与和谐发展》，《修辞学习》2006年第6期；蒋冰冰：《上海市中小学幼儿园学生语言使用调查》，《中国社会语言学》2006年第1期。

② 钱乃荣：《新世纪的语言环境和上海话的变化》，载孙福庆、杨剑龙主编《双城记：上海、纽约都市文化》，格致出版社2011年版；汪平：《普通话和苏州话在苏州的消长研究》，《语言教学与研究》2003年第3期。

③ 张日培：《上海人热议"上海话"》，载教育部语言文字信息管理司组编《中国语言生活状况报告（2014）》，商务印书馆2014年版，第116—121页。

④ 孙晓先、蒋冰冰、王颐嘉、乔丽华：《上海市学生普通话和上海话使用情况调查》，《长江学术》2007年第3期。

卷调查，[①]对其中243名三代以内都是上海人的土著学生分析发现，他们在家庭生活中使用比率最高的仍是上海话，但普通话也开始应用于家庭内部，普通话是上海土著学生在公共交际时的首选用语，该文基于学生的语言使用情况，认为上海话的地位日渐式微，呈现出明显萎缩的趋势。

由于缺乏历时数据比较的条件，上述研究都主要是通过分析不同年龄段青少年语言使用的共时差异来预测语言的变化发展态势，因此选择不同的调查对象和不同的分析视角会得出不同的结论。现如今十多年过去了，上海市青少年的语言使用、语言能力及态度又发生了怎样的变化，呈现何种特点？是否发生了如前文所述的变化？上海话究竟是在演变中，还是愈发式微萎缩？针对上述这些问题，我们有必要再次对上海市中小学生开展大规模的实地调查，以期通过历时的比较来发现青少年方言能力的变化发展态势。

本节研究主要采用问卷调查的方式，问卷设计参考了"中国语言文字使用情况调查"所采用的问卷，调查内容涵盖了语言使用、语言能力、语言态度以及个人信息等情况。先后调查了上海市除远郊区以外的黄浦、静安、徐汇、闸北、虹口、杨浦、长宁、普陀、闵行和浦东十个区的38所中小学，每个区至少调查小学、初中和高中各一所。整个调查于2015年年初基本完成，调查历时一年多，共回收问卷5722份，其中有效问卷5370份，有效率93.8%。为了与已有调查进行比较，我们抽取其中在上海出生且父母均为上海人的2515名学生，占所有有效问卷的46.8%，其中小学生759人，初中生776人，高中生980人；女生占53.1%，男生占46.9%。我们以下会将本次调查所获取的数据与2000年前后"中国语言文字使用情况调查"中的上海学生数据，2005年"上海市学生语言使用情况调查"里的中小学生数据以及2007年上海大学文学院课题组对上海本地学生的调查数据加以比较分析。

[①] 焦成名：《上海土著学生的语言行为报告》，《语言文字应用》2009年第1期。

二 上海青少年方言使用、能力及变化的基本情况

(一)最先习得语言与优势语言的变化

关于上海本地学生最先习得的语言情况,我们采用与"中国语言文字使用情况调查"相同的问题:"你小时候最先会说的是哪种话?"本次调查结果显示(见表2-1),有47.3%的上海本地中小学生表示自己小时候最先会说的是普通话,33.6%的学生表示最先会说的是上海话,另有17.0%的学生表示自己是同时会说普通话和上海话。如果算上兼用的情况,普通话是第一语言的本地学生共占到总人数的64.3%,上海话是第一语言的本地学生共占50.6%。

根据调查时间在2000年前后的《中国语言文字使用情况调查资料》(以下简称"2000年前后的调查"),报告显示当时上海市15—29岁年龄段人群小时候最先会说方言的人数比例高达92.73%,小时候最先会说普通话的比例只有14.48%。可以推测,当时的上海本地学生绝大多数第一语言是上海话,将普通话作为第一语言的学生比例很低。

2007年上海大学文学院课题组的调查发现(以下简称"2007年调查"),44.4%的上海土著学生在家中首先习得了上海话,居第二位的是上海话和普通话同时习得的情况,比例为30.5%,仅以普通话作为第一语言的学生占17.3%。如果按2000年前后调查的算法(即算上兼用的情况),2007年小时候最先会说上海话的学生比例下降到了74.9%,最先会说普通话的学生比例上升到了47.8%。

如今上海本地学生最先习得语言为普通话的比例又从8年前(即2007年)的47.8%上升到了64.3%,普通话在语言习得顺序上已处于明显的优势,越来越多的家长注重从小先培养孩子的普通话能力,年青一代习得普通话的年龄已大幅提前。青少年习得普通话能力的第一渠道,也已经不再仅限于学校,更多的是从小在家中就习得了普通话。另外,上海本地学生中,将上海话作为最先习得语言的比例从15年前的90%以上下降到2007年的约75.0%,再

到现今只有50.0%左右。

关于上海本地学生的优势语言，我们的问题是"在日常交谈中，你哪种话说得最流利？"本次调查有83.8%的上海本地学生回答是普通话，只有11.1%的学生回答是上海话。普通话已成为当前大多数本地学生使用最为流利的语言，这也与64.3%的学生第一语言是普通话紧密相关。值得注意的是，尽管对于50.6%的本地学生来说，上海话是其第一语言，但最终只有11.1%的学生说上海话最为流利。这也说明，除了家庭环境因素以外，学生成长过程中的学校教育和社会环境对其语言能力有着重要影响。

2007年上海大学课题组的调查发现只有28.9%的土著学生认为上海话是自己说得最为流利的语言，更多的上海土著学生（高达70.2%）认为普通话是自己使用最流利的语言。相比2007年，本次调查中上海话使用最流利的情况要比8年前的情况更差。

综合比较15年来的几次调查结果可以发现，随着时间的推移，普通话已逐渐成为大多数上海本地青少年的优势语言，本地方言的传统第一语言优势地位正在逐步丧失。

表2-1　　上海市本地青少年的第一语言与最流利语言

语言（方言）	第一语言		最流利的语言	
	人数（人）	百分比（%）	人数（人）	百分比（%）
普通话	1190	47.3	2107	83.8
上海话	846	33.6	278	11.1
普通话和上海话	427	17.0	105	4.2
其他情况	35	1.4	15	0.5
数据缺失	17	0.7	10	0.4
总计	2515	100	2515	100

（二）上海话能力的变化

关于上海本地学生的上海话能力，本次调查显示（见表2-2）只有28.1%的学生表示自己能准确流利地使用上海话，有

45.4%的学生表示自己能熟练使用但有些音不准或有些词不会表达，有13.3%的学生表示自己基本能用上海话交谈但不太熟练，只有13.2%的学生表示自己不太会说上海话。能用上海话与人交谈的本地学生占总样本的86.8%，能熟练使用或准确流利使用上海话的本地学生占总样本的73.5%。尽管上海话在青少年的第一语言习得中不占明显优势，但青少年在成长过程中仍在逐步习得上海话。

2000年前后的"中国语言文字使用情况调查"结果显示，上海市学生群体能用方言与人交谈的比例高达97.63%。2005年"上海市学生语言使用情况调查"（以下简称"2005年调查"）显示，当时共计有94.6%的中小学生能用上海话与人交谈，其中54.3%的中小学生自评能"流利、准确"使用上海话，有40.3%的中小学生"会说上海话，但不够准确"。与2005年的情况相比，如今认为自己能准确流利使用上海话的学生比例下降了26.2%，会说上海话的学生比例下降了7.8%。运用卡方分布的拟合优度检验，结果显示 p 值为0.000，这说明当前学生的上海话能力情况与2005年的调查结果相比有了显著的下降。可以说，近15年来上海市本地青少年的方言能力呈明显的下降态势。

值得注意的是，青少年所掌握的方言能力并不强，真正认为自己能准确流利使用上海话的学生不到28.0%，大多数学生表示自己方言语音不准确或词汇不会表达，甚至是说得不太熟练。青少年一代方言能力的质量堪忧。

2005年"上海市学生语言使用情况调查"（以下简称"2005年调查"）发现，有54.3%的中小学生自评能"流利、准确"使用上海话，有40.3%的中小学生"会说，但不够准确"，共有94.6%的中小学生会说上海话。与之对比，可见当前认为自己能准确流利使用上海话的学生比例下降了26.5%，会说上海话的学生比例下降了8.9%。运用卡方分布的拟合优度检验（期望频数不等），结果显示卡方值 $\chi^2 = 3355.638$，p 值为0.000，这说明当前学生的上海话能力情况与2005年调查结果相比有了显著的下降。

表2-2　　　　上海市本地青少年的上海话能力状况

阶段	人数（人）	准确流利（%）	熟练但有些音不准或词不会说（%）	基本能交谈但不太熟练（%）	不太会说（%）
小学	742	27.2	42.7	11.9	18.2
初中	764	31.7	40.8	13.5	14.0
高中	974	26.1	51.0	14.2	8.7
总计	2480	28.1	45.4	13.3	13.2

（三）家庭领域语言使用习惯的变化

家庭是语言使用的重要场所，也是语言习得的重要渠道。本次调查发现（见表2-3），上海本地学生在家里对父母最常说普通话的比例分别为55.4%和56.1%，最常说上海话的比例分别为39.2%和38.7%，普通话和上海话都常说的比例均为4.4%。本地学生对祖父母最常说上海话的比例有59.1%，最常说普通话的比例为35.6%。即使是在家庭这个高度私人化的场域，现今半数以上的学生最常使用的语言是普通话。

而2000年前后的调查结果则显示：高达87.9%的上海学生在家最常说的是汉语方言，只有17.22%的上海学生在家最常说普通话。2005年的调查显示，约45.0%的本地中小学生在家对父母说上海话，约35.0%在家说普通话和上海话，只有18.0%左右的本地中小学生在家对父母主要是说普通话。2007年的调查结果显示，约有70.0%的上海土著学生在家最常说上海话，约28.0%的土著学生在家最常说普通话。

通过这15年的比较可以发现，上海市青少年一代在家庭领域中常说普通话的情况呈显著的上升趋势，从2000年前后的17.2%逐步上升到如今的约60.0%，常说上海话的比例则不断地在下降，从2000年前后的87.9%下降到如今的不超过45.0%。

本次调查还发现（见表2-4），青少年在家里使用上海话的比例同样存在着明显的年龄段差异，小学生最常说上海话的比例约为30.3%，初中生的比例约为39.2%，高中生的比例约为46.2%，不同年龄段间的上升幅度在10%左右。这一结果与2005年的调查结果近似，当年的调查发现小学生在家庭中使用上海话的比例约为37.0%，初中生约为45.0%，高中生达到55.0%，上升幅度也在10.0%左右，这被当时认为是上海话是在发展中而不是衰退的重要证据。

表2-3　　　　　　上海市本地青少年的日常语言生活状况

题项	对象或场合	人数（人）	普通话（%）	上海话（%）	普通话和上海话（%）
在家里最常使用的语言	对父亲	2501	55.4	39.2	4.4
	对母亲	2510	56.1	38.7	4.4
	对祖父母	2496	35.6	59.1	3.0
在公共场合最常使用的语言	在集贸市场	2496	69.2	26.9	1.9
	在商场	2510	86.9	10.7	2.0
	在银行电信	2509	89.9	7.9	1.7
在学校最常使用的语言	课后与同学	2513	94.6	3.1	2.2
	课后与老师	2512	96.9	2.1	1.0

注：表格仅列了最常说"普通话""上海话"以及"普通话和上海话"三项的百分比情况，下同。

表2-4　　　　　　上海市本地青少年的家庭语言使用状况　　（单位：%）

	最常使用的语言	总体	小学	初中	高中
对父亲最常说	普通话	55.1	64.8	54.1	49.2
	上海话	39.0	30.3	39.2	46.2
	普通话和上海话	4.4	4.1	5.4	3.9

续表

	最常使用的语言	总体	小学	初中	高中
对母亲最常说	普通话	56.0	66.4	55.2	48.9
	上海话	38.6	28.9	38.7	46.3
	普通话和上海话	4.4	4.2	5.3	3.9

（四）在公共领域和学校领域的语言使用习惯变化

本次调查结果显示（见表2-3），在公共场合，普通话成为大多数上海本地中小学生最常用的语言。在集贸市场有69.2%的学生最常使用的语言是普通话，最常说上海话的比例只有26.9%。在商场、银行和电信部门常说普通话的比例分别达到86.9%和89.9%，最常说上海话的比例分别只有10.7%和7.9%。场合越正式，青少年使用普通话的比例就越高，使用上海话的比例越低。而2000年前后的调查数据显示，上海市学生群体在集贸市场上最常说普通话的比例只有44.4%，最常说方言的比例高达78.6%。2005年的调查数据则显示，上海本地中小学生在购物交际时主要说普通话的约占48.0%，说普通话和上海话的约占30.0%，主要说上海话的占20.0%左右。2007年的调查结果显示，上海土著学生在商场最常说普通话的比例高达74.1%，最常说上海话的比例仅为20.2%。近15年来，上海本地青少年在公共场合使用普通话和方言的习惯也已经发生显著的改变，从15年前在公共场合习惯使用方言，逐步变化为习惯使用普通话

在学校，本次调查显示，本地学生在课后与同学、老师最常说普通话的比例分别高达94.6%和96.9%，最常说上海话的比例分别只有3.1%和2.1%，普通话和上海话说得同样多的也分别只有2.2%和1.0%。而2005年的调查发现，当时分别约有28.0%和19.0%的中小学生与同学、老师主要是说上海话，约有36.0%（与同学）和46.0%（与老师）主要是说普通话，约有34.0%（与同学）和33.0%（与老师）是常说普通话和上海话。这10年

来,普通话在学校生活中的使用率同样在迅速上升,目前普通话在校园生活中的使用已占绝对优势。

(五)语言态度

语言态度关系着语言的保持和发展,也是评估语言活力的重要依据。对语言态度的调查是采用李克特五级量表的形式,让学生评价普通话和上海话的好听、亲切、社会影响和有用程度。好听和亲切程度属于语言的情感认同维度,可以从中看出被调查者的语言归属感,而社会影响和有用程度属于语言的工具维度,其中社会影响反映出被调查者所认为的语言社会地位,有用则反映了语言的实用价值。

对于上海话,上海本地学生对其评价最高的是亲切程度(均值4.35,最高5分),其次是好听程度(4.13)和有用程度(4.11),评价偏低的是社会影响力(3.81)(见表2-5)。从中可以看出,上海本地学生仍对上海话保持着强烈的情感认同和归属感,这是上海话传承的有利因素。但另一方面也反映出青少年一代意识到上海话在当地的影响力和地位已明显下降。上海话地位和影响力的下降是与整个社会上海话使用环境的萎缩紧密相关的。

对于普通话,上海本地学生对其评价最高的是有用程度(4.53),其次是好听程度(4.21)和社会影响程度(4.16),评价相对偏低的是其亲切程度(4.12)(见表2-5)。普通话在教育、媒体以及社会的广泛使用,自然使本地学生更加意识到普通话的实用价值和社会地位。此外,普通话作为不少本地学生的优势语言和常用语言,也使青少年一代对普通话产生了一定的语言情感认同。

运用配对样本t检验比较本地中小学生对普通话与上海话的态度,可以发现上海话除了在"亲切程度"上的评价显著高于普通话以外,在"好听程度""社会影响"以及"有用程度"的评价上都显著低于普通话。这说明相较于普通话,本地学生更认可上海话所具有的情感认同价值,而普通话则在实用性和社会地位方面具有不可匹敌的优势。

2005年的调查发现分别有62%和50%的学生在上海话的"亲切"和"好听"项目上打4分和5分。① 由此可以看出这十多年来，上海本地学生对于上海话的认同感并没有下降多少。

表2-5　　　　　　　上海本地青少年的语言态度状况

语言态度	对上海话的评价均值	对普通话的评价均值	上海话—普通话配对样本t检验		
			均值差	t值	显著性
好听程度	4.13	4.21	-0.076	-3.127	0.002**
亲切程度	4.35	4.12	0.233	9.180	0.000***
社会影响	3.81	4.16	-0.347	-14.095	0.000***
有用程度	4.11	4.53	-0.416	-18.331	0.000***

注：** $p<0.01$，*** $p<0.001$。

三　影响本地青少年上海话能力的微观因素

与2000年前后、2005年和2007年的调查结果相比，现今本地青少年的方言能力已经发生了较为明显的变化，对于造成这一变化的原因，以往研究主要是归结于学校和社会方面的因素。其实除了学校和社会因素以外，在同样的宏观环境下，青少年内部个体之间的方言能力仍存在明显的差异。下面试图从微观的个体层面来探究造成方言能力个体差异的社会因素，以期发现造成青少年一代方言能力减退的个体原因。

在数据处理过程中，因变量上海话的能力状况是一组有序分类型变量，且反应变量个数大于2，因此采用序次逻辑回归（ordinal logistic regression）的方法进行分析。根据问卷中的上海话能力水平指标，将反应变量设定依次设定为0、1、2、3，分别代表"不太会说""基本能交谈但不太熟练""能熟练交谈但有些音不准或词不会说""能准确流利使用"。研究将青少年的语言使用习惯、语

---

① 蒋冰冰：《上海市中小学幼儿园学生语言使用调查》，《中国社会语言学》2006年第1期。

言态度、第一语言习得情况、年龄以及家长的家庭语言选择（即家庭语言环境）等变量作为自变量，考察这些因素对青少年上海话能力的影响。

根据表 2-6 的结果，可以发现青少年的语言态度变量对其上海话的能力有着显著的影响，其中最主要的影响变量有上海话的有用程度、普通话的有用程度和社会影响程度。青少年所感知的上海话有用程度与其上海话能力呈显著的正向关系，青少年越认为上海话有用，其就越注重提高自身的上海话能力。另外，青少年越认可普通话的实用价值和社会影响力，其也就越容易忽视培养自己的上海话能力。但从影响系数和显著性来看，普通话态度的影响力远远弱于上海话态度的影响力。

考察语言使用习惯变量的影响。由表 2-6 可知，青少年在家庭和公共场合中常说上海话均对其上海话能力有显著的正面影响。另外结果还显示，家长在家里的语言使用习惯也对青少年的上海话能力有显著的影响。家长在家对孩子常说上海话，营造上海话的家庭环境会显著提升青少年的上海话能力。无论是青少年还是其家长，在家越经常说上海话，青少年的上海话能力就越强。

结果还显示，青少年的第一语言习得情况对其现在的方言能力有着显著的影响。那些最早是学说上海话的青少年的方言能力要显著高于那些最早是学说普通话的青少年。

值得注意的是，结果还显示青少年的年龄对其上海话能力并没有显著影响，这意味着不同年龄段的青少年的上海话能力并没有显著性差异，青少年的上海话能力并没有随着年龄的增长而有显著性的提高。

综合来看，青少年的语言使用习惯、第一语言习得情况、对上海话价值的认识、对普通话价值和地位的认识以及家长的家庭语言使用（家庭语言环境）都对青少年的上海话能力有着显著性的影响，而这其中青少年的家庭语言环境和第一语言习得情况的影响又最为明显。

表2-6　　影响本地青少年上海话能力的个体因素

	具体指标	系数	标准差	Wald值	显著性
	年龄	0.002	0.017	0.022	0.881
上海话态度	好听	0.033	0.063	0.274	0.600
	亲切	0.123	0.067	3.331	0.068
	有用	0.359***	0.060	36.237	0.000
	社会影响	0.003	0.045	0.005	0.944
普通话态度	好听	0.001	0.071	0.000	0.987
	亲切	0.057	0.067	0.721	0.396
	有用	-0.141*	0.067	4.437	0.035
	社会影响	-0.095	0.042	5.205	0.023
语言使用习惯	第一语言=上海话	0.633***	0.088	51.967	0.000
	在家对母亲最常说=上海话	1.221***	0.103	139.908	0.000
	与同学最常说=上海话	0.382	0.213	3.208	0.073
	在市场最常说=上海话	0.613***	0.095	41.770	0.000
环境	母亲在家最常说=上海话	0.224*	0.101	4.955	0.026

注：*$p<0.05$，**$p<0.01$，***$p<0.001$。模型拟合总体显著性为0.000。第一语言、在家对母亲最常说、母亲在家最常说、与同学最常说、在市场最常说5个变量的参照水平均为"非上海话"。

四　本地青少年上海话能力的总体发展态势

通过比较这15年来的调查数据，我们可以发现上海市青少年的语言生活变化历程，从大多数人从小首先学会方言逐步转变为大多数人从小首先学说普通话，从方言为优势语言逐步转变成为普通话为优势语言，从在家庭和公共场合主要使用方言逐步转变为主要使用普通话，每一代青少年的方言能力都在不断地下降。

尽管现在有86.8%的上海本地学生表示会说上海话，且大多数本地青少年基本上具备了普通话和上海话的双言能力，但现在的这种双言能力实质上是不均衡的。调查结果已显示有83.8%的学生表示普通话是自己最为流利的语言，普通话已成为青少年最为熟练的交际语言乃至成为思考的内部语言；而上海话则主要限于用来表达日常生活用语。即使是在73.5%的能熟练使用上海话的学生中，超过六成的学生会表示不少方言词汇不会说或语音不准。方言词汇在青少年身上明显流失，不少有文化含量的词汇年青一代都要用普通话来代替，能用方言表达的事物和情感越来越少，在方言表达中夹杂普通话也成为常见的现象。年青一代实际的方言水平并不高。

上海本地青少年自身不均衡的双言能力，也使其在日常生活中形成了以普通话为主、普通话与上海话并存共用的双言语言生活形态。调查结果显示，在公共场所（如市场），本地学生最常选择说普通话的比例已从2000年前后的约44.0%上升到了现今的约70.0%；在学校最常说普通话的比例甚至达到95.0%上下；在家庭环境中，本地青少年最常说普通话的比例从2000年前后的17.2%上升到现今的约55.0%，最常说上海话的比例从87.9%下降到约40.0%。毫无疑问，在本地青少年的双言生活中，普通话的使用将更占主导性。当前上海本地青少年以普通话为主体的双言生活已大致确立。

这15年来，上海话在年青一代身上是否正在发生萎缩？这之前一直是一个颇具争议的话题。

2005年的大规模调查曾发现"上海市学生在家庭中用上海话的比例会随着年龄的增长逐步上升，且幅度较大"，[1] 小学生在家庭中使用上海话的比例约37.0%，初中生约为45.0%，高中生达到55.0%，大学生达到70.0%，不同年龄段之间递增幅度在10.0%左右。这也成为"上海话是正在演变中，而不是衰亡中"论断的重要论据之一。[2]

本次调查结果同样发现（见表2-3），上海本地青少年在家经常说上海话的比例存在着明显的年龄差异：从小学生在家最常说上

---

[1] 孙晓先、蒋冰冰、王颐嘉、乔丽华：《上海市学生普通话和上海话使用情况调查》，《长江学术》2007年第3期。
[2] 游汝杰：《方言与普通话的社会功能与和谐发展》，《修辞学习》2006年第6期；蒋冰冰：《上海市中小学幼儿园学生语言使用调查》，《中国社会语言学》2006年第1期。

海话的比例约 30.0%，到初中生约 39.0%，再到高中生约为 46.0%，随着年龄的提高，学生使用上海话的比例上升幅度在 10.0%左右。但我们的研究还发现，尽管本地青少年在家经常说上海话的比例会随着年龄的增长而增加，但其上海话能力并不受年龄因素的影响（见表 2-4），换言之，高中生的上海话能力并不强于小学生和初中生。上海本地青少年的上海话能力并没有明显的年龄差异，上海话能力并不会简单地随着年龄的增长而有所提高。

以往对青少年语言状况变化的认识，大多是根据同一时期不同年龄段青少年之间的语言使用状况差异，来预测语言的未来变化发展趋势。研究结论大多认为青少年方言使用的年龄差异是一种年龄级差现象，即随着青少年年龄的增长，其方言使用率会明显增加，最终会接近上一代人的使用水平，年青一代方言使用的衰退并非是真实的变化。但本节通过与近 15 年来调查结果的历时比较，发现近 15 年来上海本地青少年的语言使用习惯发生了明显的改变，方言能力确实是在明显地下降。青少年一代的方言能力减退现象是一种真实的语言变化。

五 造成青少年上海话能力变化的家庭因素

以往的研究大多将学校教育、大众传媒等宏观社会因素视为造成青少年方言使用减少或方言能力减退的主要原因。但在同样的宏观环境下，上文的数据分析结果即显示本地青少年的方言使用和方言能力仍存在着较大的内部差异。这就促使我们将视线聚焦到了微观个体层面上，从微观个体的语言环境、语言习惯和语言态度等社会语言因素来解释造成青少年方言能力内部差异的原因。

上文的多元统计分析结果发现，家庭语言环境和使用习惯、第一语言情况以及语言态度等因素都是影响青少年一代方言使用率和方言能力的重要因素。父母在家庭中对孩子常说方言，或孩子从小就说方言并对方言价值和情感持积极态度，都会促使其成长过程中积极使用方言，长大后的方言能力和使用率都会较高。至于那些家庭语言环境是以普通话为主的,且从小就主要是说普通话的学生,其方言能力和方言使用率都偏低。这也就表明,造成年青一代方言能力减退的原因,除了学校教育、媒体环境等宏观层面的影响外,微观层面的家庭作用和语言观念都在起着不容忽视的作用。

正如著名语言规划学家费什曼(Joshua Fishman)所强调的"在家里使用该语言最终要比在社会机构中使用该语言更为重要","濒危语言之所以称为濒危语言是因为缺乏非正式的代与代之间的传递和非正式的日常生活支撑,而不是因为学校里不再教授这些语言"。① 韦斯利·伦纳德(Leonard Wesley)在分析美国土著家庭父母通过个人努力来实现家庭重新使用祖裔语言的案例中也发现,尽可能地说祖裔语言的家庭语言政策要比任何部落语言政策和规划都更为有效。② 因此,要保持方言的活力,最为重要的是鼓励家长在家庭领域中对孩子多说方言,培养对方言的正确观念,将青少年的世界与本土方言联系起来,这才是更为有效的路径。

六 重视家庭语言规划

综上所言,关于当前青少年的方言情况,从上述调查结果来看并非如一些学者所言的"濒危",毕竟有86.8%的本地青少年依然会说上海话,但另一方面也应注意到年青一代的方言能力并不容乐观,与近15年的调查结果相比,青少年的方言能力呈明显的下降趋势,目前自报能准确流利使用上海话的学生比例已不到30%。青少年一代的方言能力与上一代人的现实差距,无疑会进一步引发本地民众的方言焦虑,乃至对普通话推广造成负面影响,这些都需要我们引起足够的重视。当前所亟须的是树立科学的语言观,改变人们传统的"单语单言"意识,转向珍视语言资源,积极培养多语

---

① Fishman Joshua, "Maintaining languages: what works and what doesn't", in G. Canotoni, ed. *Stabilizing Indigenous Languages*, Flagstaff: North Arizona University Press, 1997, p. 190.

② Leonard Wesley, Miami Language Reclamation in the Home: A Case Study, Ph. D. dissertation, University of California, Berkeley, 2007.

多言能力。① 在双言双语已成为社会语言生活发展的趋势下，积极推广和普及普通话的同时，要注意保护方言的使用空间和权利，特别要重视家庭语言规划的作用，鼓励家长有意识地创造一个长期的多言环境，充分把握住语言发展的关键期，培养孩子的多语多言能力，营造普通话和方言并存共用的和谐多语生活。毕竟现有研究证实家庭的语言环境对青少年的语言能力有着极其重要的影响。

语言的自然代际传承（natural intergenerational transmission）是语言维持的关键要素，而语言的自然代际传承需要家长一直用母语与自己的后代进行交流。② 家长愿意用母语与自己的后代交流也是该语言具有活力的重要表现。③ 斯波斯基也认为，要实现语言的自然代际传承，其关键是家长对家庭语言的掌控。④ 因此，城市方言的传承更多的是要靠家长在家庭中多用方言与孩子交流。但现有的调查显示，城市家庭中大量家长用普通话与孩子交流，这是导致当前城市青少年一代方言能力减退不容忽视的重要因素。因此，要实现城市方言的自然代际传承，我们必须重视城市家庭中的语言规划。

"家庭语言政策"（family language policy）更多关注的是可见的明确地规划家庭中家庭成员之间的语言使用的领域。⑤ 当前可能只有非常少的家庭会就在家中说何种语言做出明确的规定。但对于一些濒危语言而言，如果家庭和社区不采取积极主动的政策去提升青年人使用该语言的频率，那么该语言及所承载的文化都将永远失

---

① 李宇明：《双言双语生活与双言双语政策》，《语言政策与规划研究》2014 年第 1 期。

② Fishman Joshua A., *Reversing Language Shift: Theoretical and Empirical Foundations of Assistance to Threatened Languages*, Cleveton: Multilingual Matters, 1991.

③ Stewart William, "A Sociolinguistic Typology for Describing National Multilingualism", in Joshua A. Fishman, ed., *Readings in the Sociology of Language*, The Hague: Mouton, 1968, pp. 531 – 545.

④ Spolsky Bernard, *Language Management*, Cambridge University Press, 2009, pp. 17 – 19.

⑤ King Kendall A., Fogle Lyn and Logan-Terry Aubrey, "Family Language Policy", *Language and Linguistics Compass*, 5, 2008.

去，培养双语儿童也是家长最普遍采取的家庭语言政策。① 对于当前国内城市方言的传承问题，家长有必要在家庭中有意识地采取说普通话和方言的双言政策，注重培养青少年一代的多言多语能力，而不是只说普通话，或者只说方言。当前需要打破人们传统的单言单语意识，树立科学的语言资源观念，将各种语言方言均视为重要的语言资源或个人的人力资源，积极营造多语多言的社会环境和家庭环境，培养青少年一代的多语多言能力，这样才有可能真正地缓解当前城市中普通话与方言的紧张关系，真正实现普通话和方言并存共用的和谐多语生活。

第二节 外来务工人员的语言市民化与社会融入②

自改革开放以来，随着社会经济的快速发展，中国开始了大规模的城市化。城市化不仅加速了社会流动，也使城市人口的构成发生了变化。据国家卫计委《中国流动人口发展报告2022》显示，截至2021年年底全国流动人口的总量达到了2.47亿人，超过总人口的六分之一，目前流动人口总的流向趋势并没有发生改变，特别是特大城市人口聚集态势还在加强。不同地区的人口拥入城市，不同方言区的人相互接触，使城市的语言生活、语言关系乃至语言认同都在发生着微妙的变化。正如李宇明所言："近20多年，随着城镇化进程加速，神州大地出现了前所未有的移民潮。移民潮加速了普通话传播，移民的语言观念发生了或显或隐的重要变化，移民地区社会语言生活出现新情况，同时对语言资源保护也提出了新课题。"③

---

① Caldas Stephen J., *Raising Bilingual-Biliterate Children in Monolingual Cultures*, Clevedon: Multilingual Matters, 2006.
② 本节内容曾以《新型城镇化视野下上海农民工的语言市民化与城市融入》为题发表在《语言文字应用》2017年第1期上，后被《中国社会科学文摘》2017年第6期转载。
③ 李宇明：《2007年中国语言生活状况述要》，《世界汉语教学》2008年第3期。

城市化"对中国的语言生活产生重大影响,与之相对应,语言文字工作需要许多新举措"。①

一 研究概况

进城务工人员在移居城市的过程中,改变的不仅是身份,他们的语言生活也发生了重大变化。他们的周围已不再是乡土乡音,他们需要学会城市语言以适应或融入城市。他们在城市融入过程中所遇到的语言沟通和语言认同问题亟待解决,这不仅牵系到城市新市民的现实生活和切身利益,也关系到整个城市的社会和谐稳定。因此,城市新市民的语言沟通和认同问题是当前城市语言规划必须重视的课题。

不少社会学者认为,在农村剩余劳动力向城市转移的过程中,可以划分为两个过程:一是农村剩余劳动力流动到城市就业,即"非农化""城市化"过程;二是外来人口在城市实现定居且融入城市生活,也就是"市民化"过程。② 2014 年《国家新型城镇化规划（2014—2020 年）》颁布后,合理推进农村转移人口市民化已成为了大势所趋;2016 年 2 月发布的《国务院关于深入推进新型城镇化建设的若干意见》中指出,"新型城镇化各项工作取得了积极进展,但仍然存在农业转移人口市民化进展缓慢、城镇化质量不高、对扩大内需的主动力作用没有得到充分发挥等问题"。2016 年 10 月国务院办公厅又发布《推动 1 亿非户籍人口在城市落户方案》,意在促进有能力在城镇稳定就业和生活的农业转移人口举家进城落户,这已成为推进新型城镇化建设的首要任务。促进外来务工人员的城市融入已成为各级政府当前推进新型城镇化过程中一个亟须解决的关键性问题。外来务工人员的城市融入问题也成为当前

---

① 李宇明:《关注中国城市化进程中的语言问题》,载《中国语言生活状况报告》课题组编《中国语言生活状况报告（2009）》上编,商务印书馆 2010 年版。

② 何军:《代际差异视角下农民工城市融入的影响因素分析》,《中国农村经济》2011 年第 6 期。

学界研究的重要话题之一。社会学界认为，外来务工人员的城市融入包括了其在生产方式、生活方式、社会心理与价值观念上整体融入城市社会并认同自身新的社会身份的过程与状态，包含着一系列的结构转换以及过程性变迁，是多方面的问题。① 当然这其中也应包括城市语言生活的融入，即外来务工人员语言的市民化过程。国外的移民研究也同样表明，移民的社会融合受各种因素影响，其中就包括语言能力。②

在市民化过程中，外来务工人员对城市语言生活的融入状况究竟如何，尤其是其语言能力与社会融入的关系，是值得深入探讨的话题。现有对外来务工人员语言的研究主要是集中调查研究农民工的语言使用和语言态度状况，③ 对于农民工的语言与其市民化的关系，语言能力对其社会融入的作用等研究仍不够深入。秦广强④曾结合北京市城八区农民工适应性区群抽样数据，分析普通话水平对北京农民工经济收入和社会交往的影响效应及可能的影响路径，研究发现普通话熟练的外来务工人员能够获得高于不熟练者21%—40%的月收入，普通话熟练者在工作培训、职业技能、自我价值意识、工作适应等方面有更好的表现，但普通话熟练并未对外来务工人员社会交际网络和生活空间的拓展带来显著影响。秦广强的研究地点是在通行普通话的北京，所以只考虑了外来务工人员普通话能

---

① 梁波、王海英：《城市融入：外来农民工的市民化——对已有研究的综述》，《人口与发展》2010年第4期。

② Dustmann Christian and Fabbri Francesca, "Language Proficiency and Labour Market Performance of Immigrants in the UK", *The Economic Journal*, Vol. 113, 2003; Rendall Michael S., Tsang Flavia, Rubin Jennifer, Rabinovich Lila and Janta Barbara, "Contrasting Trajectories of Labor Market Integration between Migrant Women in Western and Southern Europe", *European Journal of Population/Revue europeenne*, 4, 2010.

③ 夏历：《在京农民工语言状况研究》，博士学位论文，中国传媒大学，2007年；屠国平：《宁波市外来人口语言生活状况考察》，《语言文字应用》2008年第1期；武小军：《流动人口的语言接触与语言认同》，《语言教学与研究》2013年第6期；谢俊英：《城市化进程中的农民工语言问题》，《云南师范大学学报》（哲学社会科学版）2011年第3期。

④ 秦广强：《进京农民工的语言能力与城市融入——基于适应性区群抽样数据的分析》，《语言文字应用》2014年第3期。

力对其城市融入的影响。伏干基于珠三角和长三角农民工问卷，发现外出打工年限、与当地人的交往机会和语言距离显著影响着语言能力，而朋友有无当地人、朋友有无老乡对语言能力的影响不显著。① 但伏干在研究中仅将语言能力变量设定为"与当地人交往中是否存在语言困难，存在语言困难定义为低语言能力，不存在语言困难定义为较高语言能力"，两分的语言能力变量设定的操作过于简单，且对语言能力界定的科学性有待提高，更无法看出普通话能力和当地方言能力在外来务工人员城市融入过程中的具体作用。与上述两项调查结论不同的是，付义荣在调查分析上海市松江区一所外来务工人员子弟小学的家长后，认为新生代和老一代农民工的语言使用与他们对城市和农村的社会认同并没有多大关系。② 屈哨兵指出当前对外来务工人员学习使用流入地方言与流入地认同的探讨重视程度不够。③ 因此，语言能力尤其是流入地方言能力在外来务工人员城市融入过程中究竟起着何种作用仍有待进一步探讨。

当前全国流动人口总的流向趋势并没有发生改变，特别是特大城市人口聚集态势还在加强。特大型城市对于流动人口的吸引力最大，但是流动人口融入并获得身份认同的难度也最大。④ 上海作为我国重要的特大型城市，一直是吸引外来务工人员的主要流入地之一。上海的本地方言上海话也一直是长三角地区流行的强势方言，且与普通话存在着较大的差异。外来务工人员在上海生活过程中，直接面临着要同时适应普通话和上海话的语言难题。因此，本节将集中探讨外来务工人员在多语城市中的语言生活融入状况，以及各种语言能力在外来务工人员城市融入过程中的作用。

---

① 伏干：《外来务工人员语言能力的多维分析——来自长三角、珠三角的证据》，《语言文字应用》2014年第2期。
② 付义荣：《新生代农民工的语言使用与社会认同——兼与老一代农民工的比较分析》，《语言文字应用》2015年第2期。
③ 屈哨兵：《城市化进程中的方言习用与国家认同》，《语言战略研究》2016年第2期。
④ 侯亚杰、姚红：《流动人口身份认同的模式与差异》，《人口研究》2016年第2期。

本节主要采用问卷调查的方法,在上海市教科院国家语言文字研究政策中心的大力支持下,我们于2016年2月至3月期间随机抽取了宝山区、杨浦区、闸北区(现并入静安区)六所招收外来务工人员随迁子女的学校。每所学校选择其中父母均为外来务工人员的100名学生,由学生当场填写"学生卷"并回收,再委托学生将"家长卷"带回,由家长填写次日收回,每个外来务工人员家庭调查一位家长。本次调查共发放外来务工人员问卷600份,回收有效问卷569份,有效回收率94.8%。其中男性占48.5%,女性占51.5%;样本的籍贯主要来自安徽(29.9%)、河南(17%)、江苏(14.2%)、山东(8.3%)、四川和重庆(7.6%)、福建(6%)、江西(5.1%)等21个省份。外来务工人员样本的受教育程度在初中及以下的占56.5%,高中学历的占23.7%,大专及以上的仅占5.1%。外来务工人员样本的职业分布是生产运输工人占24.1%,社会服务行业人员占30.1%,零售、个体户等商业人员占20%,技术人员占7.9%,其他占17.9%。样本的平均年龄为38.6岁,平均来沪时间为13年。

外来务工人员问卷的调查内容包括了个人背景信息、语言使用情况、语言态度及语言能力情况,此外还设计了社会距离量表、身份认同量表、社会交往情况调查表等内容。其中外来务工人员语言使用情况、语言态度和语言能力题项的设计参考了"中国语言文字使用情况调查"的问卷。

"外来务工人员感知的社会距离"主要是使用社会距离量表[1]测量,具体操作化为"您觉得城市人愿意与您做如下事情吗?",这些事情分别是"聊天""一起工作""做邻居""做亲密的朋友""参与社区管理"项。赋值方式愿意为1、说不清为2、不愿意为3。各题项的得分总和构成本节所使用的"外来务工人员感知社会距离"变量。该值越大,表明外来务工人员感知的与城市人之间的

---

[1] 刘庆、冯兰:《留城,还是返乡——武汉市农民工随迁子女留城意愿实证分析》,《青年研究》2014年第2期。

距离越大。

外来务工人员的社会交往情况调查主要包括调查其朋友圈的构成、社会交往的频率。其中,"朋友圈的构成"通过"在你的朋友中,城市本地的同龄人多吗?"来测量,回答选项分别为"城市本地同龄人多""城市本地同龄人比较少""没有"。社会交往的频率主要通过"你经常与城市的同龄人交往吗?""你经常与同乡同龄人交往吗?"来测量,回答选项分别为"经常""偶尔""几乎从不"。

外来务工人员社会身份认同量表主要参考城乡社会认同量表,[①] 具体操作化为"你觉得自己还算老家地方上的人吗""你觉得自己是上海人吗",采用李克特量表从"完全是"到"完全不是"5点计分。

二 外来务工人员的城市语言生活变化

(一) 语言使用习惯的变化

调查显示(见表2-7),外来务工人员在进城以前,75.4%的人在日常生活中主要是说老家话,只有18.3%的人常说普通话。但在来上海后,外来务工人员的语言生活发生了明显的变化,其在语言使用方面表现出适应和融入城市生活的迹象。

在家庭领域,上海市外来务工人员面对不同的交际对象,其语言选择出现明显的分化。调查结果显示(见表2-7),现在与配偶交流过程中只有51.0%的人继续常说老家话,有33.9%的外来务工人员改说普通话,另有8.8%的外来务工人员是兼用普通话和老家话。在家里与孩子交流过程中,语言使用习惯的变化更为明显,有57.6%的外来务工人员开始改说普通话,有17.2%是普通话和老家话兼用,只有23.2%的外来务工人员仍然继续保持说老家话。外来务工人员只是在与父母的交流过程中,语言使用习惯没有发生太大的变化,仍主要是说老家话,常说老家话的比例为69.1%,常说普通话的比例不到20.4%。

---

① 刘庆、冯兰:《留城,还是返乡——武汉市农民工随迁子女留城意愿实证分析》,《青年研究》2014年第2期。

在城市生活中，面对不同的交际对象，外来务工人员的语言选择也同样表现出明显的差异。面对老乡，仍有 62.0% 的外来务工人员主要是说老家话，13.5% 的外来务工人员是普通话和老家话都用，另有 13.5% 的外来务工人员开始常说普通话。在面对外乡的朋友、当地熟人或陌生人时，上海外来务工人员在语码选择上的变化更为明显，绝大部分开始改说普通话，常说普通话的比例分别高达 85.1%、78.7% 和 95.6%。

在上海的公共场合，外来务工人员为了适应新的城市，语言上基本上是采用普通话与外界交流，比如在上海的市场、商场等场合常说普通话的比例高达 90.7% 和 92.4%。在工作单位，外来务工人员也主要是用普通话与人交流，常说普通话的比例达到 89.5%。

表 2-7　　上海市外来务工人员的语言状况（N=569）

		普通话		老家话		普通话和老家话		其他情况	
		人数（人）	百分比（%）	人数（人）	百分比（%）	人数（人）	百分比（%）	人数（人）	百分比（%）
家庭域	与父母	116	20.4	393	69.1	50	8.8	10	1.7
	与配偶	193	33.9	290	51.0	71	12.5	15	2.7
	与孩子	328	57.6	132	23.2	98	17.2	11	2.0
不同对象	与老乡	129	22.7	353	62.0	77	13.5	10	1.8
	与外乡朋友	484	85.1	37	6.5	14	2.5	34	5.9
	与当地熟人	448	78.7	18	3.2	10	1.8	93	16.5
	与陌生人	544	95.6	6	1.1	4	0.7	15	2.6
各场域	在市场上	516	90.7	11	1.9	7	1.2	35	6.2
	在商场超市	526	92.4	7	1.2	3	0.5	33	5.8
	在工作单位	509	89.5	14	2.5	3	0.5	43	7.6
	来上海前	104	18.3	429	75.4	14	2.5	22	3.9

（二）语言态度的变化

语言态度不仅影响着语言选择和语言转用，还能从中看出移民在融入当地社会过程中的语言认同变化。我们调查采用了李克特五度制量表的形式，让外来务工人员分别对普通话、上海话和老家话的好听程度和亲切程度（语言的情感价值）、社会影响程度（语言的社会声望）和有用程度（语言的实用价值）等指标加以评价。5分为最高值，1分为最低值。

调查结果显示（见表2-8），进入城市后，外来务工人员评价最高的并不是自己的老家话，而是普通话，尤其是对普通话有用程度的评价均值最高（有用程度均值4.68，见表2-8），由此可以看出，普通话在外来务工人员的城市适应与维系中起着至关重要的作用，普通话已经成为外来务工人员与城市外界交往过程中最主要的交际工具。普通话的实用性也促使外来务工人员产生了对普通话的强烈情感认同（亲切程度均值4.42），认同度甚至略高于老家话。

外来务工人员对于老家话的评价主要偏向于其情感价值方面（亲切程度均值4.40），对老家话的有用程度和社会声望评价相对偏低。老家话主要是作为维系外来务工人员家乡认同的重要载体，其在城市生活中的交际功能并不大。对于打工地的方言上海话，外来务工人员对其整体评价并不高，在各项评价指标中相对较高的是上海话的实用价值，可见外来务工人员对于打工地方言更关注于其实用性，尤其是当地方言对于其适应和融入城市生活中的作用。

表2-8　　　　上海市外来务工人员的语言态度情况

语言态度指标	上海话 均值	上海话 标准差	普通话 均值	普通话 标准差	老家话 均值	老家话 标准差
好听程度	3.47	1.011	4.52	0.819	3.81	1.207
亲切程度	3.50	0.963	4.42	0.804	4.40	0.891
有用程度	3.73	0.985	4.68	0.688	3.84	1.050
社会影响	3.40	1.120	4.23	1.258	3.12	1.146

（三）语言能力的变化

表2-9显示了外来务工人员在进城前后语言能力的变化情况。

在进城以前，只有26.8%的外来务工人员表示自己能准确流利地使用普通话，34.3%的外来务工人员表示能熟练使用普通话但有些音不准，有18.8%的外来务工人员表示自己说普通话时方言口音比较重，10.2%的外来务工人员表示自己只会用普通话说一些日常用语，9.9%的外来务工人员不会说普通话。

外来务工人员在进城以后，其普通话能力有了明显的提升，其中自报能准确流利使用普通话的外来务工人员比例从进城前的26.8%上升到了40.4%，自报能熟练使用普通话但有些音不准的外来务工人员从进城前的34.3%上升到了46.5%；而普通话不熟练以及不会说的外来务工人员比例从进城前的20.1%下降到了3.0%，能用普通话熟练交谈但口音较重的外来务工人员比例也从进城前的18.8%下降到了10.1%。

上海外来务工人员对于打工地的方言上海话，只有3.8%的人表示能流利使用，16.9%的人表示能熟练使用但有些音不准或其他口音较重，共有79.4%的外来务工人员表示不会说上海话或仅会说一些日常用语。调查还显示在能否听懂上海话方面，共计有42%的上海外来务工人员表示自己听不懂上海话或只能听懂一些日常用语。

表2-9 **上海市外来务工人员的语言能力情况**

语言能力的回答选项	当前情况 普通话 人数（人）	当前情况 普通话 百分比（%）	当前情况 上海话 人数（人）	当前情况 上海话 百分比（%）	当前情况 老家话 人数（人）	当前情况 老家话 百分比（%）	来上海以前 普通话 人数（人）	来上海以前 普通话 百分比（%）
能准确流利地交谈	225	40.4	21	3.8	417	74.9	150	26.8
能熟练交谈但有些音不准	259	46.5	60	10.8	59	10.6	192	34.3
能熟练交谈但其他地方的口音较重	56	10.1	34	6.1	55	9.9	105	18.8
只会说一些日常用语	13	2.3	186	33.4	12	2.2	57	10.2
基本不会说	3	0.5	158	28.4	12	2.2	40	7.2
完全不会说	1	0.2	98	17.6	2	0.4	15	2.7
有效回答人数	557	100	557	100	557	100	559	100

三 外来务工人员的语言市民化与城市融入关系

上文调查结果显示，外来务工人员在进城后为了适应城市生活，语言使用习惯、语言态度以及语言能力都发生了明显的转变，逐步改变了以往的语言使用习惯，逐渐提升了自身普通话和当地方言能力（见表2－10）。那么外来务工人员的语言市民化与其城市融入的关系如何？各种语言能力对于其融入城市起着何种作用？以下将重点讨论这一点。

李培林和田丰指出，尽管不同的研究者对社会融入的分类和指标设计各有不同，但在社会融入的层次划分上基本能够形成一致性观点，其在研究中将社会融入划分为经济层次融入、社会层次融入、心理层次接纳、身份层次认同等四个层次。[1] 以下根据其对不同层次的界定与测量方式，分别论述其与外来务工人员语言市民化的关系。

社会学意义上的经济层次融入主要强调外来务工人员在劳动力市场中所处的职业地位，以及从事该职业的收入及家庭消费情况。我们对数据进行相关分析发现，外来务工人员说普通话的能力、听懂上海话的能力均与外来务工人员月收入水平呈一定的相关性（$r=0.090$，$p<0.05$；$r=0.159$，$p<0.05$）。外来务工人员的普通话说得越好，越能听懂城市当地居民的方言，就越能提高其收入水平，促使其在经济上融入当地城市。本研究除了验证了秦广强[2]的研究发现，即普通话熟练的外来务工人员能够获得高于不熟练者的月收入以外，还显示外来务工人员如能听懂流入地方言，同样能提高月收入。这可能是与能听懂流入地方言通常能获得更好的就业机会有关。

社会层次融入强调流动人口在社会关系、社会互动的融入。本

---

[1] 李培林、田丰：《中国农民工社会融入的代际比较》，《社会》2012年第5期。
[2] 秦广强：《进京农民工的语言能力与城市融入——基于适应性区群抽样数据的分析》，《语言文字应用》2014年第3期。

节选取的测量指标包括与城市同龄人的社会互动的强度以及社会网络。相关分析显示，外来务工人员的语言能力与其城市社会层次的融合存在一定的相关性。在社会互动强度方面，上海外来务工人员跟城市同龄人的交往频率与其自身的上海话听力能力呈显著的中等程度正相关（$r=0.360, p<0.01$），并与自身的上海话口语能力呈显著弱相关（$r=0.283, p<0.01$），这表明上海话听说能力越强的外来务工人员，尤其是能听懂上海话的外来务工人员，与城市同龄人的交往频率也越高。在社会网络方面，上海外来务工人员的朋友圈中城市同龄人的比例与自身上海话的听说能力呈显著的正相关关系（$r=0.232, p<0.01; r=0.282, p<0.01$），并与其普通话口语能力呈一定的正相关（$r=0.094, p<0.05$），但普通话能力与社会网络的相关性很弱。这意味着上海市外来务工人员的上海话能力越强，通常其朋友圈中的城市本地同龄人也就越多。

心理层次的接纳主要是通过测量外来务工人员在融入过程中与城市人之间的心理距离。研究发现，外来务工人员所感知的社会距离指数与其普通话的听说能力均呈显著负相关（$r=-0.139, p<0.01; r=-0.114, p<0.01$），与其上海话的听说能力同样呈显著的负相关（$r=-0.204, p<0.01; r=-0.259, p<0.01$）。这也就意味着当外来务工人员的普通话和上海话能力越弱，其所感知的与城市当地居民的社会距离就越大，当外来务工人员提高其普通话和上海话的能力，其所感知的与当地居民的社会距离感也会相应减弱。因此有必要提高外来务工人员的普通话和上海话能力，这将有助于减少其与当地居民的社会心理距离，促进其融入城市。

身份层次认同被社会学者认为是社会融入过程中最关键的一环，也是最后一环。[1] 关于外来务工人员的语言能力与其社会身份认同的关系，统计分析表明，上海外来务工人员的上海话听说能力与

---

[1] 李培林、田丰：《中国农民工社会融入的代际比较》，《社会》2012年第5期。

其对城市身份的认同度均呈显著的中等程度正相关（$r=0.311$，$p<0.01$；$r=0.330$，$p<0.01$），与其老家身份的认同度呈显著的负相关。这表明，能较好掌握打工地方言的外来务工人员将更加认同所在城市，对所生活的城市更具有归属感。此外，外来务工人员的普通话口语能力也与其对城市身份的认同度呈一定的正相关性（$r=0.147$，$p<0.01$），这意味着普通话说得越好的外来务工人员通常越认同城市，普通话能力在一定程度上也有助于外来务工人员在身份认同上融入城市。

此外，统计分析还发现，外来务工人员在上海的生活时间与其上海话听说能力均呈显著的中等程度正相关关系（$r=0.328$，$p<0.01$；$r=0.372$，$p<0.01$）。随着外来务工人员在上海生活时间的增加，逐渐适应城市语言生活，其对打工地方言的听说能力会有所提高。

表2-10　外来务工人员的语言能力与其城市融入的相关性

维度	具体指标	普通话能力 说	普通话能力 听	上海话能力 说	上海话能力 听
社会网络	朋友圈中城市同龄人比例	0.094*	0.049	0.232**	0.282**
社会互动	与城市同龄人交往频率	-0.037	0.066	0.283**	0.360**
社会互动	与老家同龄人交往频率	-0.054	0.033	-0.141**	-0.144**
心理距离	感知的社会距离指数	-0.139**	-0.114**	-0.204**	-0.259**
身份认同	对城市身份的认同度	0.147**	-0.005	0.330**	0.311**
身份认同	对老家身份的认同度	-0.042	-0.013	-0.197**	-0.194**
月收入水平		0.090*	0.038	0.073	0.159**
在上海的生活时间		-0.005	0.037	0.328**	0.372**

注：*表示相关系数在0.05水平上显著相关，**表示相关系数在0.01水平上显著相关。

四　外来务工人员的城市语言生活融入问题

上述调查发现，外来务工人员在进入城市以后，其语言使用习惯、语言能力等各方面都发生了适应和融入城市生活的现象。从进城前，75.4%的人在日常生活中主要是说老家话，进城后在上海的公共场合以及工作单位约90.0%的外来务工人员都是最常使用普通话，甚至在家庭中与孩子、配偶的交流方式也发生了较为明显的变化：除51.0%的外来务工人员继续对配偶常说老家话以外，有33.9%的外来务工人员对配偶改说普通话，8.8%的外来务工人员对配偶是兼用普通话和老家话。在家里与孩子交流过程中，语言使用习惯的改变更为明显，有57.6%的外来务工人员开始改说普通话，有17.2%是普通话和老家话兼用，只有23.2%的外来务工人员继续对孩子保持说老家话。在语言态度方面，外来务工人员对普通话的情感认同度甚至略高于老家话。在语言能力方面，外来务工人员在进城以后普通话能力的提升也极为明显，自报能准确流利使用普通话的外来务工人员比例从进城前的26.8%上升到了40.4%，自报能熟练使用普通话但有些音不准的外来务工人员从进城前的34.3%上升到了46.5%；而自报普通话不熟练以及不会说的外来务工人员比例从进城前的20.1%下降到了只有3.0%。此外，在适应城市的过程中，共计只有14.6%的外来务工人员表示自己能准确流利地使用上海话或能熟练使用但有些音不准，这一数据与付义荣的调查结果相类似。

由此可以看出，外来务工人员的语言市民化过程主要是转用普通话，而不是当地方言上海话。造成这一状况的原因除了之前一系列研究所提到过的[①]：普通话作为国家通用语言，具有较高的社会声望，并且在普通话社会普及的情况下，普通话的实用性更强以外，事实上还与外来务工人员与当地居民的社会融合度有关。外来务工人员自身较低的社会地位以及被污名化的社会形象，很难得到城市社会的接纳和认同，其往往被城市居民所区隔

---

① 付义荣：《新生代农民工的语言使用与社会认同——兼与老一代农民工的比较分析》，《语言文字应用》2015年第2期；方艳：《城镇化进程中农民工方言传播与身份认同研究》，《新闻大学》2015年第2期。

开来。我们的调查也显示，经常和上海本地同龄人交往的外来务工人员只占样本的25.7%，朋友圈中上海本地同龄人较多的只占样本的19.7%，认同自己完全是或基本上是上海人的外来务工人员仅占6.1%。外来务工人员与城市居民的社会互动强度很低，对城市的社会认同感更低，他们在城市社会中处于边缘化的状态，这也就导致他们很少会去积极学习城市的当地方言。于是外来务工人员更多是通过学习和使用普通话来实现城市生存，并以此来构建自身新的城市身份认同。普通话不仅成为外来务工人员在城市生活的重要交际工具，也成为他们适应身份变化、构建新的城市身份的表现。

外来务工人员的语言市民化最终形成的却是其语言使用习惯、语言态度都与城市当地居民形成鲜明的差异。与当地居民相比，外来务工人员很少人能说当地方言，他们在日常生活中习惯使用普通话，在语言态度上，他们都是高度评价普通话，同时对当地方言的认同度很低，这些与城市当地居民的语言态度有着明显的差异。徐大明认为，在多语社会里宏观层次上的语言选择情况和语言态度的一致性是认定一个言语社区的必要内容。[1] 由此可以推断出，外来务工人员群体已然形成了与城市本地群体迥异的普通话言语社区。由于他们对城市主流群体的认同是微弱的，对其原有的农村身份认同也在发生变化，因此这是一个被城市社会边缘化的言语社区，面临着如何与城市社会融合的问题。

五 语言在外来务工人员城市融入过程中的作用与启示

本节研究发现，外来务工人员的普通话与城市方言能力的提高，将有助于减少其与城市居民的社会心理距离，增强其对城市身份的认同度，这其中流入地方言能力对于减少社会心理距离和增强城市身份认同度的作用更为显著。此外，外来务工人员掌握流入地

---

[1] 徐大明：《言语社区理论》，《中国社会语言学》2004年第1期。

方言还有助于其融入城市社会关系和社会互动，但普通话能力在这方面的作用并不十分明显。这一结果与秦广强的研究发现"普通话能力对外来务工人员城市社会交往的展开没有显著的影响"[1]较类似。这表明，尽管外来务工人员掌握普通话可以使其在城市顺畅地沟通和交际，但要真正地和当地居民有深度的交流和互动，这需要外来务工人员掌握一定的流入地方言能力。外来务工人员如能掌握流入地方言将更有助于其更快地融入城市社会，更好地获得城市认同感和归属感。但现实是，调查显示只有 3.8% 的上海外来务工人员表示自己能流利使用流入地的方言上海话，只有 19.0% 的上海外来务工人员表示自己能完全听懂上海话。因此，增强外来务工人员的普通话能力，尤其是流入地方言能力应成为各种外来务工人员能力提升计划的内容之一。而对于外来务工人员的语言能力培训，还应考虑在政府相关部门的组织、引导和监管下，引入市场机制，鼓励社会组织机构来提供语言培训服务，提高语言培训的有效性。

解决外来务工人员在城市融入过程中所遇到的语言沟通和认同问题，这不仅牵系到外来务工人员的现实生活和切身利益，也关系到整个城市的和谐稳定与长远发展。

第三节 外来人员子女的城市语言生活融入与代际变迁[2]

当前我国正处于城镇化深入发展的关键时期，城镇化对于经济社会发展的意义重大。在城镇化快速发展过程中，越来越多的农村转移人口选择举家迁移的模式居留城市。2015 年 11 月国家卫计委发布的《中国流动人口发展报告 2015》显示，近九成已婚新生代流动人口是

---

[1] 秦广强：《进京农民工的语言能力与城市融入——基于适应性区群抽样数据的分析》，《语言文字应用》2014 年第 3 期。

[2] 本节内容曾以《上海农民工子女的城市语言生活融入趋势与代际差异研究》为题发表在《语言学研究》2017 年第 2 期上。

夫妻双方一起流动，其中配偶、子女共同流动占60%；我国流动人口居留稳定性增强，半数以上流动人口有今后在现居住地长期居留的意愿。很多外来人员子女伴随父母落脚城市后由农村随迁到城市，与此同时，还有许多年轻外来务工人员选择在城市建立家庭，生育子女。外来人口下一代的社会融合已成为其所面临的最紧迫问题之一。外来人员子女在城市化进程中所面临的问题也已受到学者们越来越广泛的关注。有学者指出，应当高度重视外来务工人员子女的语言问题，他们在城市语言适应性方面存在较多的障碍。[①]

一　研究概况

现有对外来务工人员子女语言生活的研究主要集中在调查其语言使用状况[②]，缺乏对外来人员子女的城市语言生活融入趋势及影响因素的深入探究，更缺乏将其与父辈农民工语言生活状况的比较研究，以分析其中的代际差异情况。本节试图通过调查外来务工人员两代人的语言生活状况，运用多元统计方法探究影响外来务工人员子女语言转用的社会因素以及其与父辈农民工语言生活状况的代际差异。

本研究主要采用问卷调查的方法，在上海市教科院国家语言文字政策研究中心的大力协助下，于2016年2月至3月期间随机抽取了宝山区、杨浦区、原闸北区（现并入静安区）六所招收外来务工人员随迁子女的学校。每所学校选择其中父母均为外来务工人员的100名学生，由学生当场填写"学生卷"并回收，再委托学生将"家长卷"带回，由家长填写次日收回。本次调查共发放外来务工人员子女问卷600份，回收有效问卷543份，回收有效率90.4%，其中男生占50.8%，女生占49.2%；小学生352人，初中生191

[①] 赵世举：《语言与国家》，商务印书馆2015年版，第166页。
[②] 张斌华、张媛媛：《外来务工人员子女语言使用状况研究——以东莞民办小学为例》，《语言文字应用》2015年第2期；盛林、沈楠：《农民工子女语言使用状况的调查及启示》，《南京社会科学》2012年第11期。

人，平均年龄11岁；在上海出生的外来务工人员子女有81人，占样本的14.9%。本次调查发放外来务工人员问卷600份，回收有效问卷569份，有效回收率94.8%，该样本情况与上一节的完全相同，在这里不再赘述。

两类问卷的调查内容均包括了个人背景信息、语言使用情况、语言态度及语言能力情况，此外还设计了社会距离量表、身份认同量表、社会交往情况调查表等内容。其中语言使用情况、语言态度和语言能力题项的设计参考了"中国语言文字使用情况调查"的问卷。

二 外来务工人员子女的语言生活状况与代际变化

（一）语言使用情况与代际差异

调查结果显示（见表2-11），上海市外来务工人员子女小时候最先习得的语言为普通话的占到样本的56.4%，最先习得的语言为老家话的占到样本的34.8%，小时候是同时习得普通话和老家话的占样本的6.6%。可见在当前大力推广普及普通话的大环境下，大多数上海市外来人员子女小时候最先习得的语言已经是普通话，但仍有约四成的外来人员子女最先习得的语言依然是老家方言。

在家庭领域，与父母在家常说老家话的情况相比，分别有66.3%和67.0%的上海外来人员子女在家对父亲和母亲常说普通话，只有约26.0%的外来人员子女在家对父母常说老家方言。但在与祖父母交流过程中，仍有48.1%的外来人员子女最常是说老家话，但有47.5%的外来人员子女开始对祖父母常说普通话。家庭域通常被认为是移民群体语言得以维持的最后一个领域，如果家乡方言在家庭域中消失，那么也就意味着语言转用过程的彻底完成。从总体来看，在家庭领域，外来人员子女的语言选择向普通话转用的趋势相当明显。

外来人员子女在日常生活中与朋友、在课后与同学交流基本上都是在使用普通话。此外，在上海的公共场合如市场、商场和医院等也基本上都是选择使用普通话，使用当地方言上海话的情况极其少见。与其父辈相比，无论是在家庭领域还是在公共场合，外来人员子女整体使用普通话的比例要显著高于其父辈。

表2-11　　上海市外来务工人员子女的语言生活状况

题项	普通话 人数（人）	普通话 百分比（%）	老家话 人数（人）	老家话 百分比（%）	普通话和老家话 人数（人）	普通话和老家话 百分比（%）	其他情况 人数（人）	其他情况 百分比（%）
最先习得语言	306	56.4	189	34.8	36	6.6	12	2.2
与父亲	360	66.3	141	26.0	42	7.7	—	—
与母亲	364	67.0	142	26.2	36	6.6	1	0.2
与祖父母	258	47.5	261	48.1	19	3.5	5	0.9
日常与朋友	538	99.1	3	0.6	1	0.2	1	0.2
课后与同学	540	99.4	1	0.2	1	0.2	1	0.2
在市场上	517	95.2	12	2.2	2	0.4	12	2.2
在商场超市	535	98.5	2	0.4	1	0.2	5	0.9
在医院	538	99.1	1	0.2	1	0.2	3	0.6

（二）语言态度情况与代际差异

语言态度不仅会影响到外来人员子女的语言选择和语言转用，还可从中看出他们在融入当地社会过程中的内在语言认同。本次调查采用了李克特五度制量表的形式，让被调查者分别从语言的好听程度和亲切程度（语言的情感价值）、社会影响程度（语言的社会声望）以及有用程度（语言的实用价值）等指标对普通话、上海话和老家话加以评价。5分为最高值，1分为最低值。

调查结果显示（见表2-12），在语言的好听程度、亲切程度以及有用程度指标上，上海市外来人员子女评价最高的是普通话，其次是老家话，最后才是上海话。在社会影响力指标上，外来人员子女评价最高的仍然是普通话，其次是上海话，老家话的社会影响力最弱。由此可以看出，在语言的情感认同方面，外来人员子女当前最为认同的语言是普通话，其次才是老家话，最不认同的是当地方言上海话。在语言的实用价值和社会声望方面，外来人员子女最认可普通话的价值与地位，同时也对于当地方言上海话的社会声望予以承认。

与其父辈相比，外来人员子女对于上海话的态度并没有多少改善，甚至在上海话有用程度和社会声望指标的评价上要显著低于父辈。而对于普通话，外来人员子女的态度要比父辈更为积极，尤其是在情感认同指标上的评价要显著高于父辈（好听程度：父辈4.52＜子女4.68；亲切程度：父辈4.42＜子女4.62）。对于老家话的评价，无论是在情感认同方面，还是实用价值与社会声望方面，外来人员子女的态度均明显不及父辈（好听程度：父辈3.81＞子女3.65；亲切程度：父辈4.40＞子女3.99；有用程度：父辈3.84＞子女3.75；社会影响：父辈3.12＞子女2.93）。从外来务工人员及其子女两代人的差异中可以看出，外来人员子女在情感上更趋向于认同普通话，对老家话的认同有明显的减弱，而对于上海话的态度与父辈相比没有太大的变化。

表2-13　　　上海外来务工人员子女的语言态度情况

态度指标	普通话		上海话		老家话	
	均值	标准差	均值	标准差	均值	标准差
好听程度	4.68	0.690	3.41	1.100	3.65	1.199
亲切程度	4.62	0.715	3.52	1.030	3.99	1.083
有用程度	4.70	0.747	3.57	1.145	3.75	1.107
社会影响	3.75	1.578	3.23	1.340	2.93	1.255

（三）语言能力情况与代际差异

调查结果显示（见表2-13），有67.7%的上海外来人员子女表示自己能准确流利地使用普通话，有28.0%的外来人员子女表示能熟练使用普通话交谈但有些音不准或口音较重，不会说普通话的外来人员子女极其少见。与父辈相比，外来人员子女自报能准确流利使用普通话的比例比父辈高了27.3%，而普通话语音不准或其他口音较重的比例要比父辈低28.6%。外来人员子女与其父辈相比，其普通话能力有了非常明显的提高。

上海外来人员子女对于当地方言上海话，只有3.9%的人表示能流利使用，9.1%的人表示能熟练使用但有些音不准或其他口音较重，共有87%的外来人员子女表示不会说上海话或仅会说一些日常用语。与父辈相比，外来人员子女的上海话能力并没有多少提高，有些方面甚至还不如父辈的水平。

对于老家方言，只有38.8%的外来人员子女表示自己能准确流利地使用，共有21.3%的外来人员子女表示自己虽然能熟练使用但有些音不准或其他地方的口音较重，有15.6%的外来人员子女表示自己只会用老家方言说一些简单的日常用语，共有24.1%的外来人员子女表示基本不会或完全不会说老家话。与其父辈有74.9%的人能准确流利使用老家话、仅有3.2%的人不会说老家话的情况相比，外来人员子女整体的老家话能力在显著下降。这说明外来人员子女身上正经历着语言转用过程，老家话正在逐渐被越来越多的外来人员子女所弃用。

表2-13 上海市外来务工人员及其子女两代人的语言能力比较

语言能力回答项	普通话 父辈	普通话 子女	上海话 父辈	上海话 子女	老家话 父辈	老家话 子女
能准确流利地交谈（%）	40.4	67.7	3.8	3.9	74.9	38.8
能熟练交谈但有些音不准（%）	46.5	26.9	10.8	6.7	10.6	15.4
能熟练交谈但其他地方口音较重（%）	10.1	1.1	6.1	2.4	9.9	5.9
只会说一些日常用语（%）	2.3	2.2	33.4	36.4	2.2	15.6
基本不会说（%）	0.5	1.5	28.4	29.1	2.2	12.6
完全不会说（%）	0.2	0.6	17.6	21.5	0.4	11.5
有效回答人数（人）	557	539	557	539	557	538

三 影响外来人员子女城市语言生活状况的因素

上述调查结果显示,上海外来人员子女的语言在城市生活过程中正在发生转变,尽管约有四成的外来人员子女从小最先习得的是老家话,但目前其在公共场合基本上都转用了普通话,即使是在家庭领域也约有67.0%的外来人员子女已转用普通话。在语言态度上,外来人员子女对普通话的认同度最高,而对老家方言的认同度明显在减弱。在语言能力上,大部分外来人员子女能准确流利地使用普通话,而能流利使用老家话的外来人员子女不超过40.0%,38.6%的外来人员子女已不会说老家话或只会说一些日常用语。上海外来人员子女的语言生活已发生了明显的变化。

关于影响外来人员子女发生语言转用的社会因素,研究采用二分类Logistic回归模型的分析方法,以外来人员子女在家对父亲最常使用的语言为因变量,0＝常说老家方言,1＝不常说老家方言,分析外来人员子女的性别、年龄、生活环境、第一语言、对老家话的态度、对老家身份的认同度、父母的家庭收入、父辈的家庭语言和教育程度等因素的影响。数据分析结果表明(见表2-14),影响外来人员子女在家庭领域是否发生语言转用的因素主要是:父辈在家的语言使用情况、外来人员子女的第一语言习得情况、对老家身份的认同度、家庭所生活的环境。在控制其他变量的情况下,与父辈在家不说老家话的外来人员子女相比,父辈在家说老家话的外来人员子女在家更可能继续保持说老家话;与第一语言习得是普通话的外来人员子女相比,第一语言习得为老家话的外来人员子女在家继续保持说老家话的可能性更高;家庭与同乡在一起的外来人员子女在家继续保持说老家话的可能性要比家庭与非同乡在一起的高。此外,外来人员子女对老家身份越认同,其在家也越有可能继续说老家话。

与张斌华和张嫒嫒研究①东莞外来务工人员子女语言使用情况的结果相比,并没有发现父辈教育程度、居住时限具有显著影响。此外,在外来人员子女的性别、年龄、语言态度、父母收入等方面同样未发现其对外来人员子女家庭语言转用有显著影响。

表2-14 外来人员子女的家庭用语模型(常说老家方言=0)

具体指标	B	S. E.	Wald	显著性	Exp(B)
性别	-0.107	0.251	0.181	0.670	0.899
年龄	-0.069	0.114	0.369	0.544	0.933
生活社区(0=与同乡)	0.746*	0.319	5.449	0.020	2.108
第一语言习得(0=老家话)	1.289***	0.252	26.188	0.000	3.628
对老家话态度:亲切程度	-0.173	0.162	1.135	0.287	0.841
对老家话态度:有用程度	-0.030	0.156	0.037	0.847	0.970
对老家身份的认同度	0.313*	0.130	5.805	0.016	1.367
家庭收入	-0.024	0.044	0.306	0.580	0.976
父辈在家用语(0=老家话)	2.866***	0.279	105.222	0.000	17.560
父亲教育程度			2.341	0.505	
父亲教育程度(1)	-0.541	0.762	0.504	0.478	0.582
父亲教育程度(2)	-0.128	0.727	0.031	0.861	0.880
父亲教育程度(3)	-0.450	0.749	0.361	0.548	0.638
常数项	-0.199	1.705	0.014	0.907	0.820

四 造成外来人员子女与其父辈语言生活状况代际差异的原因

尽管外来务工人员及其子女两代人都在语言生活上努力适应和融入城市,但外来人员子女在融入过程中的变化更为明显。与约有六成的外来务工人员父辈在家常说老家话相比,在家常说老家话的外来人员子女只有三成左右,更多的外来人员子女在家庭领域中已经转用普通话,在公共场合外来人员子女使用普通话的比例也高于

---

① 张斌华、张嫒嫒:《外来务工人员子女语言使用状况研究——以东莞民办小学为例》,《语言文字应用》2015年第2期。

父辈。在语言态度方面，尽管外来人员子女与其父辈都对普通话高度认同，但外来人员子女对普通话的认同度要明显高于父辈；而在对老家话的态度上，外来人员子女的认同度要明显弱于父辈。在语言能力上，尽管外来务工人员两代人的普通话能力都有了明显的提升，但与只有 40.4% 的父辈能准确流利使用普通话的情况相比，有 67.7% 的外来人员子女能准确流利地使用普通话。但对于老家话，外来人员子女能准确流利使用的人数不到四成，与父辈相比，外来人员子女的老家话能力已大幅下降。

值得注意的是外来人员子女与其父辈一样，上海话能力都比较弱，共有 79.4% 的外来务工人员和 87% 的其子女表示自己不会说上海话或仅会说一些日常用语。与父辈相比，外来人员子女整体的上海话能力并没有明显的提高，甚至还不如父辈一代的水平。在对上海话的态度上，外来务工人员家庭两代人的态度都不积极，甚至在有些方面，外来人员子女对上海话的认可度还要低于父辈。之所以会出现这种情况，我们认为这与外来人员子女接触当地社会的程度可能有一定关系。正如甘伯兹（John Gumperz）在印度北部村落和挪威城镇开展田野调查所发现的，在语言趋同化和差别化过程中，交际互动的质量与接触频率同等重要。[1] 关于这一点我们下面会进一步验证。

肯德尔等级相关分析结果证明（见表 2-15），外来人员子女的上海话能力、对上海话的态度与其城市本地同龄朋友数量、和城市本地同龄人的交往情况以及对城市身份的认同度基本上都呈显著的正相关关系。调查结果还显示在城市本地同龄朋友数量的指标上（见表 2-16），外来人员子女中只有 9.4% 的人拥有比较多的城市本地同龄朋友，而其父辈有 19.9% 的人拥有较多的城市本地同龄朋友。在与城市本地同龄人交往情况上，外来人员子女只有 22.5% 的人经常与城市本地同龄人交往，而其父辈在这一指标上达

---

[1] 转引自董洁《民族志研究视角下的语言身份认同：两例北京农民工子女个案》，《语言学研究》2014 年第 2 期。

到了26.1%；外来人员子女中有23.3%的人几乎不与城市同龄人交往，而其父辈的这一比例只有14.5%。只是在对城市身份的认同度上，外来人员子女的认同度要略高于父辈。

大多数外来人员子女从小就生活或出生在城市或城郊，他们对城市更为认同，也较其父辈更为认同城市身份。外来人员子女已经不再是传统意义上的农村人，因此会在适应和融入城市过程中逐渐放弃老家方言，转用城市的语言。但在现实生活中，他们却受到城市本地群体的排斥与歧视，虽生活在城市，但又处于城市社会的边缘，与城市本地群体之间的交往是隔离的，可以说是几乎生活在两个世界，他们与城市本地群体的交际互动程度甚至还不如父辈外来务工人员群体，这也就导致了其在掌握城市当地方言能力和语言态度上并没有比父辈更加积极主动。随着普通话在城市的推广和普及，这就又进一步促使了外来人员子女在适应和融入城市过程中转向使用普通话，而不是城市当地方言。因此，由于外来人员子女的社会边缘处境，导致了其并没有在当地方言的掌握情况和语言态度上比上一代外来务工人员更积极主动，更加融入当地社会。

表2-15　　　外来人员子女的上海话能力、语言态度与社会因素的相关性

	上海话能力		上海话态度			
	口语	听力	好听	亲切	有用	社会影响
朋友中城市本地同龄人数量	0.191**	0.218**	0.100**	0.125**	0.129**	-0.087*
与城市本地的同龄人交往情况	0.320**	0.369**	0.114**	0.135**	0.145**	0.077*
对城市身份的认同度	0.254**	0.193**	0.163**	0.142**	0.153**	0.120**

**. 相关性在0.01层面上显著（双尾）。 *. 相关性在0.05层面上显著（双尾）。

表2-16　外来务工人员及其子女两代人的社会网络、
社会互动及城市身份认同情况比较

维度	具体选项	外来务工人员 人数（人）	外来务工人员 百分比（%）	外来人员子女 人数（人）	外来人员子女 百分比（%）
社会网络	朋友中城市本地同龄人比较多	112	19.9	50	9.4
	朋友中城市本地同龄人比较少	339	60.1	381	71.5
	朋友中没有城市本地同龄人	113	20.0	102	19.1
	有效回答人数	564	100	533	100
社会互动	经常与城市本地同龄人交往	146	26.1	121	22.5
	偶尔与城市本地同龄人交往	333	59.4	291	54.2
	几乎不与城市本地同龄人交往	81	14.5	125	23.3
	有效回答人数	560	100	537	100
城市身份认同	完全是	3	0.5	7	1.3
	基本上是	32	5.7	39	7.2
	有些方面是，有些方面不是	163	29.1	200	37.1
	基本上不是	174	31.0	124	23.0
	完全不是	189	33.7	169	31.4
	有效回答人数	561	100	539	100

随着城市化进程的加快，外来人员子女必然会越来越多，他们在城市适应过程中语言正在转向普通话，影响这进程的主要因素是父辈在家的语言使用情况、外来人员子女的第一语言习得情况、对老家身份的认同度以及家庭所生活的环境。与父辈相比，外来人员子女对普通话的使用、态度以及掌握程度都要超过父

辈，但其对家乡方言的使用、态度以及掌握程度都要逊于父辈。值得注意的是，尽管外来人员子女较其父辈更为认同城市身份，但其在掌握城市当地方言的能力和语言态度上并没有比上一代父辈更加积极主动，更加融入当地社会。这主要是与外来人员子女与当地社会的交际互动的质量与接触频率有关，外来人员子女与城市本地群体的交际互动程度甚至还不如其父辈，这也就导致出现了上述现象。

一些社会学者认为文化融入是农民工随迁子女真正融入城市的根本标志和重要切入点①，而语言作为文化的载体，外来人员子女在语言上融入当地城市社会有着更为积极的意义。推进外来人员子女在语言生活上融入城市，是一个系统工程，需要多方合作。一方面需要社会、学校、家庭关心外来人员子女的语言生活状况，创造其与当地同龄人交际互动的良好氛围；另一方面也需要外来人员子女从自身出发，提高融入当地城市语言生活的主动性和积极性。研究中所发现的外来人员子女的语言融合问题，有可能需要我们用很长时间去解决。

第四节　外籍家庭的语言生活与家庭语言政策[②]

随着我国"一带一路"倡议的实施和国际化程度的提高，来华外国人数量日益增长。据第六次全国人口普查数据，在华居留三个月以上的常住外国人数量约60万人，其中韩国人以12万人居首位，中国已成为仅次于美国和日本的第三大韩国人移居地。[③] 来华

---

①　江波：《推动农民工随迁子女的城市文化融入》，《中国社会科学报》2015年10月22日第4版。
②　本节内容曾以《我国国际化城市外籍家庭语言政策研究——基于上海韩籍家庭的考察》为题发表于《语言文字应用》2020年第1期。
③　周雯婷、刘云刚：《上海古北地区日本人聚居区族裔经济的形成特征》，《地理研究》2015年第11期。

外国人中大部分与外资企业或跨国企业相关,以高级管理和技术人员等高端劳动力为主,这与传统的欧美国家移民结构完全不同。① 现阶段,在华外国人主要聚居在上海、北京、广州等大都市,其中又以上海的外国人集聚规模最大。但目前对在华外国人语言生活状况的了解并不充分,也不够深入,研究的视角和内容仍有待丰富。家庭语言政策是语言政策与规划领域的一个日益受到重视的研究热点。对在华外籍家庭语言政策的研究,不仅有助于了解其家庭语言意识形态、语言实践和语言管理状况,而且家庭语言政策在宏观层面上与一系列的语言、文化、社会政治等因素都有着复杂的互动关系,可以帮助了解宏观社会文化因素对外籍家庭语言生活的影响以及外籍家庭的社会融入状况。因此,本节以上海的韩籍家庭为研究对象,主要研究以下问题:(1)以上海韩籍家庭为典型的都市外籍家庭语言意识形态是怎样的?(2)这些家庭又是如何将他们的家庭语言意识形态付诸实践,以及这些家庭如何管理他们的家庭语言实践?(3)哪些因素影响了他们的家庭语言政策?

一 研究概况

家庭语言政策是指在家庭内部,对家庭成员之间的语言使用进行显性或隐形的规划活动,其反映了家长的语言意识,也进而揭示出整个社会对语言和家庭教育的态度与意识。② 家庭语言政策由语言意识形态(或称语言信念)、语言实践和语言管理三部分组成。③ 家庭语言意识形态是指家庭成员对不同语言价值、权利和效用的感

---

① 刘云刚、谭宇文、周雯婷:《广州日本移民的生活活动与生活空间》,《地理学报》2010年第10期。
② King Kendall A., Fogle Lyn and Logan-Terry Aubrey, "Family Language Policy", Language and Linguistics Compass, Vol. 2, No. 5, 2008, pp. 907 – 922;尹小荣、李国芳:《国外家庭语言规划研究综述(2000—2016)》,《语言战略研究》2017年第6期。
③ Spolsky Bernard, Language Policy, Cambridge: Cambridge University Press, 2004, pp. 6 – 7.

知，反映了个体家庭对社会结构和社会变化的感知；家庭语言实践是指平时家庭成员间日常交流，也包括长期形成的家庭成员之间相互交流的语言使用模式；家庭语言管理是家庭成员为干预、影响或修正语言实践和语言意识形而采取的具体行动。①

21世纪以来，跨国多语家庭的日益增多已成为全球明显的现象，这也成为国外家庭语言政策研究所关注的热点。研究主要涉及父母在跨国家庭语言政策中所起的作用，以及子女在父母的语言信念和语言管理下的语言习得情况。祝华和李嵬用民族志方法追踪了三个从中国移居英国的家庭，探讨其跨国和多语言经验对日常家庭语言生活的影响，研究表明，不同的移民背景、教育背景、语言和社会文化等因素塑造了其家庭语言意识形态，也直接影响了其对子女的语言教育。② Nakamura探讨了在语言和文化同质性高的日本社会里跨国家庭的语言传承所面临的挑战，研究发现政治、经济以及社会文化等因素促使了泰籍母亲更加重视孩子的日语学习，而对泰语的限制则导致了孩子对于泰语理解的缺乏和低输出。③ 不少研究都对移民家庭语言政策的成因做过比较深入的探究，如Curdt-Christiansen研究加拿大魁北克10个华人移民家庭语言政策的形成与发展过程，发现宏观层面的社会政治、经济因素以及微观层面由父母教育背景、移民经历和文化倾向所形成的教育期望对家庭语言政策的形成发挥着极其重要的影响。④ 李国芳和孙茁对加拿大华裔家庭语言政策的研究还发现族裔社区环境、儿童个体能动性

---

① 张晓兰：《家庭语言政策研究之过去、现在与未来》，《语言战略研究》2017年第6期；邹春燕：《广州客家家庭方言代际传承研究》，《语言战略研究》2019年第2期。
② Zhu Hua and Li Wei, "Transnational Experience, Aspiration and Family Language Policy", Journal of Multilingual and Multicultural Development, 7, 2016.
③ Nakamura Janice, "Hidden Bilingualism: Ideological Influences on the Language Practices of Multilingual Migrant Mothers in Japan", International Multilingual Research Journal, Vol. 10, No. 4, 2016, pp. 308–323.
④ Curdt-Christiansen Xiao Lan, "Invisible and Visible Language Planning: Ideological Factors in the Family Language Policy of Chinese Immigrant Families in Quebec", Language Policy, Vol. 8, No. 4, 2009, pp. 351–375.

也极大地影响了家庭语言实践。[1] He 通过对美国华裔移民家庭儿童的语言文化传记研究发现，儿童与成人共同塑造并构建了家庭语言政策。[2] Irem 和 Yagmur 在对荷兰 20 个土耳其裔移民的家庭语言政策研究后发现，学校的语言意识形态对家庭语言实践起着深远的影响。[3]

随着我国外籍家庭的日益增多，李英姿曾提出应重视在华国际家庭的语言教育规划，但目前国内该领域的实证研究极少。[4] 对我国境内外籍家庭语言政策开展研究，有利于了解和掌握其家庭语言生活的形成机制，可以为外籍家庭适应中国社会提供语言文化方面的建议。

本节研究采用问卷调查和访谈的方法，主要通过在上海的韩国人教会、商铺、国际学校以及韩国友人、中文教师等途径搜集长期旅居上海的韩国人家庭语言生活状况数据。问卷调查内容涵盖了被调查者的家庭背景信息、语言意识、家庭语言使用情况等。调查从 2018 年底至 2019 年 10 月间共搜集到问卷 150 份，本研究重点对其中已婚群体样本 73 人加以分析。该样本中男性 28 人，女性 45 人；企业普通职员 14 人，企业管理层人员 12 人，个体经营者 8 人，家庭主妇 27 人，教师 5 人，学生 6 人，其他人员 1 人；30 岁以下 8 人，31—40 岁 28 人，41—50 岁 27 人，50 岁以上 10 人。平均在上海生活 6.4 年。

此外，本研究还寻访到 7 个愿意接受访谈的韩籍旅居家庭，具

---

[1] 李国芳、孙茁：《加拿大华人家庭语言政策类型及成因》，《语言战略研究》2017 年第 6 期。

[2] He Weiyun Agnes, "Discursive Roles and Responsibilities: a Study of Interactions in Chinese Immigrant Households", *Journal of Multilingual and Multicultural Development*, Vol. 37, No. 7, 2016, pp. 667–679.

[3] Irem Bezcioglu-Goktolga and Yagmur Kutlay, "Home Language Policy of Second-generation Turkish Families in the Netherlands", *Journal of Multilingual and Multicultural Development*, Vol. 39, No. 1, 2018, pp. 44–59.

[4] 李英姿：《重视在华国际家庭的语言教育规划研究，推动汉语传播》，《语言战略研究》2017 年第 6 期。

体受访者家庭情况见表2-17。这些家庭都是典型的因公司外派管理或技术人员而举家迁居上海的。访谈采用半结构化的访谈方式，每位受访者访谈1—2次，每次访谈约30—70分钟，访谈内容主要涵盖他们的背景信息、家庭语言意识、语言实践以及语言管理情况。总访谈时间共计362分钟，转写成文字共41696字。访谈材料用NVivo软件编码标注，然后展开分析。

表2-17　　　　　　　　访谈对象的基本情况

受访者	年龄	居留时间	汉语水平	家庭情况
金JM	51岁	7年	中文本科	大儿子19岁，小儿子16岁
郑JH	46岁	13年	中文本科	大儿子18岁，小儿子13岁
崔RQ	39岁	2年	中级	女儿12岁，儿子10岁
李ZY	46岁	2年	中级	儿子18岁，女儿14岁
宋XS	40岁	7个月	初级	大女儿14岁，二女儿11岁，小女儿10岁
崔YY	38岁	1年	初级	女儿7岁
李FJ	45岁	10个月	初级	女儿15岁

二　韩籍家庭的语言意识形态

语言意识形态通常被认为是家庭语言政策背后的驱动力。[①] 移民家庭的语言意识形态往往包括家庭成员对移民国家的语言和母语的价值、权利及效用的衡量，同时也体现出他们在宏观和微观的层面上对于不同语言表达出的或重叠或竞争的语言态度。[②]

从问卷调查结果来看（见表2-18），长期旅居上海的韩籍家庭成员对汉语、英语和韩语的价值、效用与声望的评判显著不同，其对母语韩语的评价更注重其情感认同和身份认同方面，对韩语亲

---

① King Kendall A., Fogle Lyn and Logan-Terry Aubrey, "Family Language Policy", *Language and Linguistics Compass*, Vol. 2, No. 5, 2008, pp. 907-922.

② 李国芳、孙茁：《加拿大华人家庭语言政策类型及成因》，《语言战略研究》2017年第6期。

切程度和好听程度的评价要显著高于汉语与英语。韩语作为母语极为重要的观念在访谈中无一例外都被强调。例如有受访者表示："其实，母语是非常重要。因为我们是韩国人嘛，我们离不开韩语的，所以韩语是非常重要。如果一个人是韩国人，她却只能说中文英文不会讲韩语，那可不行"（郑JH，2018-11-30）；"作为韩国人，学习韩语很重要。以后韩国高考也要写很长的论文"（李FJ，2018-11-21）。可见旅居家庭将韩语与他们的民族身份认同紧密联系在一起，认为韩语对于韩国人的民族身份认同具有核心重要性。不会说韩语，则在某种程度上丧失了韩国人的身份。韩语作为韩国人的身份标识是这些家庭语言意识中最显著的文化特征。此外，与韩国国内家庭成员的交流、日后要返回韩国等现实因素，也是这些家庭重视孩子韩语学习的原因。受访者大都提及了自己孩子今后要回韩国参加高考，学好韩语对孩子今后的学业发展至关紧要。韩国语不仅涉及身份认同和现实利益，一些家长还意识到母语是学习其他语言的基础，例如金JM就认为"母语没有那么流利的话，外国语也不会那么流利的"（金JM，2018-12-21）。只有学好母语韩语，才有可能学好其他外语，母语和外语并不是对立的。文化认同、现实需要以及母语价值促使在沪韩籍家庭形成了强烈的维持韩语的意识。

表 2-18　　上海韩籍家庭成员的语言态度（N=73）

各项指标	汉语 均值	汉语 标准差	英语 均值	英语 标准差	韩语 均值	韩语 标准差
亲切	4.19	0.680	3.41	0.831	4.27	0.932
好听	3.81	0.877	3.49	0.784	4.30	0.877
有声望	3.73	0.854	3.58	0.956	4.26	0.806
在上海有用	4.52	0.626	3.42	0.912	3.16	1.118

至于英语，其被很多旅沪韩籍家庭视为第一外语。问卷调查结果显示（见表2-18），旅居上海的韩国人对英语的评价更偏

重其声望价值,这源自于英语的国际地位。访谈中很多家长也强调了英语作为国际通用语在全世界的广泛使用,孩子通过学习英语可以获得更多的机会和优势,实现许多社会和经济目标,实现个人发展:"英语使用范围比较大,机会比较多,去哪里都可以用英语"(宋 XS,2018-12-17);"英语的话,各个企业都需要的"(金 JM,2018-12-21);"孩子学校的成绩都是和英文有关系的,所以英文比中文更重要些"(郑 JH,2018-11-30)。英语的全球化使其成为极具经济价值的语言,在经济、知识、技术等领域有着多重功能,是出国求学、就业的必需品。掌握好英语,意味着学业、职业的成功以及具有更好的社会流动性,因此家长们对英语颇为重视。此外,韩国人在上海生活还发现"说英文也没什么不方便的"(郑 JH,2018-11-30);"中国人也在努力学习英语,用一样的方式。现在中国人也是听得懂英语,还说英语,还有别的国家也是这样的"(崔 RQ,2018-12-10)。中国的英语教育制度以及社会对英语的推崇风气也进一步加深了韩籍家庭对英语学习重要性的认识。

汉语在受访韩籍家庭的话语中并没有被赋予与英语同等的重要性,而是更多强调其在日常生活中的实用性。问卷调查结果(见表2-18)显示,长期旅居上海的韩国人对汉语的评价更注重其在当地社会生活中的实用价值(M=4.52),对汉语实用价值的评价要远远高于韩语和英语。例如有受访者表示:"其实在生活中的话,中文是最重要"(郑 JH,2018-11-30);"生活在中国,所以要学习中文,但是只是需要,觉得英语最重要的想法没有改变,汉语只是生活的工具"(崔 RQ,2018-12-10)。在中国的生活使外籍家庭意识到汉语的实用价值,但汉语的重要性不及英语。随着中国在国际舞台上的重要性日益凸显,汉语的经济价值也愈发被不少韩国家庭所认可:"现在韩国的环境也变化了,之前的话没有那么重视汉语。现在的话,汉语的重要性提高一点了"(金 JM,2018-

12-21);"我觉得中国的国力越来越强,所以觉得学习汉语越来越重要。……我觉得哪怕去美国,那会说汉语的话也是很重要的,因为美国和中国之间一直有贸易,所以我觉得,在美国找工作,学汉语也是很重要的"(李ZY,2018-12-10);"汉语很有用,中国将来会发展得很快,会成为世界第一"(崔RQ,2018-12-10)。对一些韩籍旅居家庭来说,汉语同样是一种具有经济价值的语言,可以创造经济机会和物质财富,带来经济优势,但汉语更多是被看作为第二外语。

布迪厄(Bourdieu,1991)认为语言资本有三种形式:经济资本、文化资本和社会资本。[1] 在上海韩籍家庭的语言意识中,韩语更强调它的文化资本特征,而英语和汉语更多被视为一种经济资本,强调英语和汉语所能创造的职业机会、经济利益和优势,强调它们的效用和经济价值,由此也就形成了不同的语言实践与语言管理。

三 韩籍家庭的语言实践情况

(一)继续保持韩语的家庭语言环境

家庭语言实践是人们在家庭生活中所表现出的具体语言行为,是语言意识的外化。[2] 问卷调查结果(见表2-19)显示,旅沪的韩国人在家庭中总是使用韩语的比例高达84.9%,68.5%的旅沪韩国人在家几乎从不说汉语或英语,这一现象其实是与旅沪韩国人对韩语的高度身份认同紧密相关的。家庭是母语传承与维系的最重要场所,因此在旅沪的韩籍家庭内部,尽管没有明确的要求或规则,但韩籍家庭成员之间大都默认使用韩语交流,形成了不成文的家庭语言政策。当然在一些少数情况下也会有汉语或其他语言的使

---

[1] Bourdieu Pierre, *Language and Symbolic Power*, Cambridge: Polity Press, 1991.
[2] 张治国、邵蒙蒙:《家庭语言政策调查研究——以山东济宁为例》,《语言文字应用》2018年第1期。

用情况出现。例如有受访者表示"在家都说韩语,有的时候开玩笑会用简单的中文"(郑 JH,2018 - 11 - 30);"我们家都说韩语,只是有时候开玩笑、聊聊天会说中文,比较好玩。大多数时候还是韩语"(金 JM,2018 - 12 - 21)。

表 2 - 19　　　　上海韩籍家庭的语言使用状况 (N = 73)

家庭语言使用状况	汉语 人数(人)	汉语 百分比(%)	英语 人数(人)	英语 百分比(%)	韩语 人数(人)	韩语 百分比(%)
从不使用	50	68.5	50	68.5	1	1.4
很少使用	11	15.1	11	15.1	—	—
有时使用	6	8.2	10	13.7	2	2.7
经常使用	5	6.8	2	2.7	8	11.0
总是使用	1	1.4	—	—	62	84.9
总计	73	100	73	100	73	100

家庭语言实践还体现在旅沪韩籍家庭继续保持着在韩国时的语言习惯,比如除了家里使用韩语,他们通常会购买韩国网络电视接收器,以便能在家中实时收看韩国的电视节目。除非有中文学习计划,一般很少会收看当地的中文电视频道。问卷调查结果显示(见表 2 - 20),旅沪韩籍家庭最常看中文电视节目的比例只有 20.5%,高达 75.3% 的韩籍家庭仍是收看韩国的电视节目。例如有受访家庭表示"只看韩国电视,就是付钱以后看的韩国节目"(崔 RQ,2018 - 12 - 10);"现在在家不怎么看电视,孩子偶尔会看一些韩国的综艺和英语的电影","最近准备搬家,搬家后打算开始看中国电视剧学习汉语"(金 JM,2018 - 12 - 21)。上海韩籍家庭的报刊语言选择情况与电视节目的情况类似(见表 2 - 20),82.2% 的韩籍家庭仍主要是阅读韩文报刊,经常阅读中文报刊的比例只有 12.3%。可见,大多数韩籍家庭对当前资讯的获取仍主要是依靠以韩语为媒介的来源国渠道。

表2-20　上海韩籍家庭常看的电视节目和报刊的语言（N=73）

		汉语	英语	韩语	英语和韩语	其他情况
电视节目	人数（人）	15	1	55	—	2
	百分比（%）	20.5	1.4	75.3	—	2.7
报刊	人数（人）	9	1	60	1	2
	百分比（%）	12.3	1.4	82.2	1.4	2.7

（二）家庭语言实践背后的语言能力隐忧

在上海韩籍家庭中成长起来的青少年由于大多只有在家庭环境中才有较多的韩语使用机会，缺乏韩语使用的社会环境，不少家长发现其对韩语的掌握情况与韩国本土孩子相比存在一定差距。受访对象郑JH的小儿子六个月大的时候就来上海了，郑JH发现他"跟这里的孩子没什么差别，可是跟韩国的孩子比起来还是有一点差别，语言上的词汇没有那么丰富。特别是汉字词，因为韩语中30%是汉字词，所以有的时候汉字词说的话，要解释"，"主要还是词的问题，因为没有在韩国生活很久，所以词汇有的不知道。特别是在看韩国新闻的时候，有时候听不懂汉字词"（郑JH，2018-11-30）。金JM也意识到"在这里学到点什么，在那边就会失去点什么。孩子们的语言确实和韩国本地的孩子有点区别"（金JM，2018-12-21）。局限于家庭环境的韩语实践，使得不少上海韩籍青少年的母语能力存在着不精通的隐忧。

四　韩籍家庭的语言管理

语言管理是语言政策的关键部分，家庭语言政策往往需要强有力的语言管理来实现。国外研究显示，在移民背景下，家庭通常重视教育，意识到只有通过教育才能实现社会流动，移民家庭孩子的教育成就（包括语言能力）是每个家庭日常谈论的重要话题，是父母做出家庭语言政策决定的关键性因素。① 在上海的韩籍家庭同样重视孩子的语言能力，希望孩子能充分利用韩语、英语和汉语等多语资源，成为多语使用者。儿童早期读写能力的培养、国际学校的选择以及语言补习教育是其主要的语言管理活动。

调查发现，对于学龄前就离开韩国的孩子，家长在家里会有意识地教孩子学说韩语，带孩子阅读韩文读物。不少家长都提到在上海很难购买到适合孩子的韩文读物，因此他们在回韩国时都会留意选购韩文书籍并带来上海，闵行、古北地区很多家庭之间还会定期交换韩文书籍。此外，汉英文读物、双语读物也都是家长们常为孩子所准备的。不少家长还会想各种办法鼓励孩子多语阅读，比如，"我要求他看一本中文书的话，我给零用钱的"（金 JM，2018-12-21）；"试过给孩子读书，还用一种笔，笔里有歌声还会念书"（崔 YY，2018-12-27）；"我会给他买让他读。我说这本书韩国的孩子都读过的，你也应该要读！"（郑 JH，2018-11-30）。家长指导下的多语读写实践是上海韩籍家庭儿童早期语言教育的重要组成部分。

韩籍家庭对孩子的多语能力期待，如果靠以韩语为主的家庭语言实践将难以实现这一目标，因此为孩子选择合适的国际学校和课外语言补习教育成为每个家庭极为重视的语言管理活动。据《上海市外籍人员子女学校蓝皮书》② 统计显示，上海市韩国籍学生选择美式课程学校和韩式课程学校的比例约各占35%，其余是选择英式课程学校和国际文凭课程（IB）学校。由于语言、体制等方面原因，很少有韩籍学生选择上海本土学校。上海有韩国人创办的采用韩国教育体制的韩国外籍人员子女学校，其课程设置、教学计划、教材、授课语言与韩国本土相同，还提供中英语言课程，因此这所学校成为不少计划日后回韩国的家庭的首选。但访谈中不少经济实

---

① Irem Bezcioglu-Goktolga and Yagmur Kutlay, "Home Language Policy of Second-generation Turkish Families in the Netherlands", *Journal of Multilingual and Multicultural Development*, Vol. 39, No. 1, 2018, pp. 44-59.

② 上海市教育科学研究院：《上海市外籍人员子女学校蓝皮书》，2016年8月。

力雄厚、对孩子未来职业发展有更多考虑的家长更倾向于为孩子选择英语为教学语言的美式学校、英式学校，或提供类似课程的耀中、协和双语等国际学校，这些国际学校的学费动辄一年二三十万元，是上海韩国人学校学费的七八倍。例如受访对象崔RQ并没有为儿子和女儿选择上海韩国人学校，而是分别选择了上海的英国学校和新加坡学校，原因是"我觉得他们可以和更多西方的孩子一起交流，……可以提高英语水平"（崔RQ，2018-12-10）；金JM的小儿子目前在上海韩国人学校，但她想让小儿子"读双语学校，中文和英语一起教育的国际学校，协和双语"，理由是"父母都想给孩子更多机会，多个语言方面的机会，特别是现在来上海了"（金JM，2018-12-21）。国际学校的语言教育成为家长们培养孩子多语能力的重要投资。但事实上除韩国人学校以外的国际学校基本上都不开设韩文课程，为了弥补不足，这些家长会在休息日送孩子上韩文周末学校以补习韩文及韩国国内课程。郑JH解释了其中的缘由："因为他是韩国人嘛。他每天都上国际学校的课，我们也不能忽视韩语的教育"（郑JH，2018-11-30）。家长们通过制度化的韩文周末学校教育以支持孩子的母语发展，以维护其民族身份认同。此外，孩子今后可能回韩国参加高考也是比较现实的原因。总的来说，韩籍家庭父母对孩子学校生活和未来职业前景的期望是形成他们家庭语言政策的重要因素。

课外英语补习和汉语补习也是这些家长们普遍对孩子进行语言投资的方式。例如李ZY一家"因为刚来中国的时候，两个孩子都不会说中文，因为需要，所以我先主动给他们找了中文的辅导老师。英文的话，我一开始没有想到孩子去国际学校还需要上另外的补习班，但孩子觉得她跟不上、听不懂，所以孩子主动跟我说需要英语的辅导"（李ZY，2018-12-10）；金JM一家"英语的学习，平时啊，大部分的韩国家庭孩子教育的应该都是有的，……这边找个英语的补习班的话，像上次让大儿子学英语一个月至少一万多元，两个儿子的费用至少一万五千多元，……大部分时候基本上，课外以外，晚上去培训中心学英语还有汉语,比较重视英语"(金JM,2018-12-21)。通常补习汉语更多是出于适应在上海生活的需要,而英语补习更多是出于学业上的考虑。为了孩子的学业和今后发展,这些家长都不惜重金通过各类语言补习来提高孩子的多语能力。

五 影响外籍家庭语言政策的因素
(一)社会与社区环境的影响

社会与社区环境对上海韩籍家庭语言政策的形成有着明显的影响。长期旅居上海的韩国人不少是因公司外派而举家迁居上海,他们有着较高的社会经济地位,并且只是暂居上海,并无永久定居的意愿。目前大多生活在上海韩国人聚居的虹泉路、古北一带的国际社区,社区里配套了高档公寓、韩式餐厅、韩式超市、新韩银行、国际学校等等,韩国人日常生活所需的各种商品和服务,都可以在聚居区内得到满足,他们日常接触的也主要是韩国人,很少和当地中国人接触。本次问卷调查结果显示,27.4%的旅沪韩国人几乎不与当地中国人接触,47.9%的人只是偶尔与中国人接触,典型的如郑JH:"其实我们在这里住了13年,可是接触的中国人很少",她的儿子也同样如此:"在国际学校嘛,所以他的语言在学校里完全是英文,家里都是韩文。其实很少碰到中国人,只有学校的门卫等等。中文课以外说中文的机会很少。活动也都是校车从学校到家,所以接触的机会很少"(郑JH,2018-11-30)。宋XS:"见面的大部分都是韩国人,朋友、公司的人大部分都是韩国人"(宋XS,2018-12-17)。这些人生活在上海的韩国人聚居区,继续维持着在韩国时的生活方式和文化习惯,与当地中国人的社会距离使其避免了融入中国社会,也避免了必须使用中文的主流社会压力。Nakamura在对日本跨国家庭语言政策的研究中发现,由于政治、经济和文化等因素,泰国籍母亲在与孩子交流时会感受到必须使用社会主流语言日语的压力。[1] 但本

---

[1] Nakamura Janice, "Hidden Bilingualism: Ideological Influences on the Language Practices of Multilingual Migrant Mothers in Japan", *International Multilingual Research Journal*, Vol. 10, No. 4, 2016, pp. 308-323.

章所研究的上海韩籍家庭由于社会文化及社区因素,其在使用韩语时有着极大的语言安全感,家庭也对韩语保持着积极的信念,并为维持韩语采取积极的行动,对中国社会主流语言汉语却大多只是抱着实用主义的态度。

(二)语言经历、语言期望与语言投资的影响

研究发现,上海韩籍家庭对孩子多语能力的期望,直接转化为了他们在孩子语言教育上的参与和投资,形成了推动孩子学业和多语能力发展的家庭语言政策。家长的期望与投入其实与其长年在海外工作生活的语言经历密切相关,多年的海外工作生活经历促使这些家长对多语的价值有着更为清醒的认识,也更愿意为孩子的多语能力进行投资。例如受访对象郑 JH 解释:"她爸爸有的时候对于(孩子)中文的期待比我更强。因为世界经济的影响吧,美国、中国是两大国,所以应该要掌握(这)两个语言",郑 JH 的丈夫之所以能被派往上海,是因为"他本来是那个中文科,所以要来这里工作三年,然后七年前来了,他的上司是美国人,所以应该要说英文,然后其实在家里认真学习的是我丈夫,学习英文"(郑 JH,2018 - 11 - 30)。于是郑 JH 一家最后决定让小儿子上学费高昂的上海美式学校。又如崔 YY 的解释:"对孩子的语言期待?当然有期待,希望可以学习多种语言。"崔 YY 的丈夫是韩国人,但在西班牙出生,以前上的也是国际学校,会韩语、英语、西班牙语、荷兰语,现在开始学中文。三年前被公司派往土耳其的伊斯坦布尔,如今公司在上海的贸易部门因为"客户都是西方国家的人""想要英语好的人",所以尽管他中文不好但仍被派往上海。崔 YY 一家来上海后也没有让女儿读韩国人学校,而是直接选择了新加坡学校,除了因为父母自身的语言经历以外,"之前住在土耳其,在土耳其生活的时候上的是国际学校,所以在中国也想上一个既可以学到中文又学到英语的国际学校",现在又想换到美式学校,因为"更像以前在土耳其的国际学校"(崔 YY,2018 - 12 - 27)。除了韩语、英语和汉语,崔 YY 和郑 JH 的孩子还学习了两三年的西班牙语。

家长们在海外流动过程中的语言经历，让他们更加确信多语能力会有助于其提高社会流动性，由此也就普遍重视对下一代多语学习的投资。

（三）儿童在家庭语言政策中的能动性

通常认为儿童是家庭语言政策的被动接受者，但国外的研究也显示了儿童具备很强的能动性，能直接影响家庭语言决策。[①] 本节研究发现上海市韩籍家庭的儿童对父母的家庭语言决策同样有着直接的影响，并与父母共同形成并执行家庭语言政策。文中崔 YY 一家英语都很好，父亲是在海外出生的韩国人，女儿在英文学校读书，但家里大家都不说英语，崔 YY 解释"女儿跟韩国人绝对不说英语，她有自己的原则"，崔 YY 女儿的语言信念直接参与到了其家庭语言政策的构建。此外，儿童对家长语言教育策略的抵制，也会迫使家长放弃其语言教育方式。例如崔 YY 说："我在韩国的时候买了很多韩国书"，但女儿"不喜欢，她不喜欢学习"，母亲也只好表示"没关系，健康是最重要的"（崔 YY，2018 - 12 - 27）。在国际学校的选择上，孩子也有着较大的发言权。崔 RQ 的女儿和儿子并不在同一家国际学校，分别就读于新加坡学校和英国学校，因为"我让他们看学校的时候，女儿拒绝了以前的学校"（崔 RQ，2018 - 12 - 10）；金 JM 想让小儿子去读协和国际双语学校，但小儿子不愿意，于是也就继续读韩国人学校。

六 启示与建议

本节通过调查与个案访谈，可以发现上海韩籍家庭的语言政策主要有以下特点：一是其家庭语言意识表现为对韩语的强烈民族认同感，以及对英语社会经济价值和汉语实用价值的认可。二是在家庭语言实践上继续保持着韩语的使用习惯。三是在家庭语

[①] King Kendall A., Fogle Lyn and Logan-Terry Aubrey, "Family Language Policy", *Language and Linguistics Compass*, Vol. 2, No. 5, 2008, pp. 907 - 922；张晓兰：《家庭语言政策研究之过去、现在与未来》，《语言战略研究》2017 年第 6 期。

言管理上注重对孩子多语能力的培养与投入，具体表现在学前读写实践、国际学校的选择、周末韩文学校的补习以及英语和汉语的辅导上。四是家庭语言政策三要素之间存在紧密的联系与关联，韩语文化资本的语言意识直接促使其在家庭语言实践上保持韩语使用环境，并在语言管理上鼓励孩子参加韩文周末学校以推动孩子的母语发展；韩籍家长为提高孩子英语能力而大量投入与不断干预的背后，则是其英语经济资本的语言意识；韩籍家庭对汉语实用主义的态度，表现为其对孩子汉语学习的投资更多是出于适应当地生活的考虑。

上海韩籍家庭语言政策的形成受到了社会文化与社区环境、家长的语言经历与语言期望以及儿童主观能动性等因素的多重影响。韩籍家庭所处的社会文化和社区环境，让其摆脱了必须使用当地社会主流语言的压力，但家长的语言经历和对语言资本的认识，又促使他们对孩子的多语能力有着较高的期待与投资，孩子又在整个家庭语言政策的形成过程中发挥着一定的能动性。

当前在我国大城市长期旅居的外籍家庭不少是因跨国企业或外资企业派遣本国技术、管理等高端人才而产生的，这些家庭的成员大都受教育程度高、经济条件好、移动能力强，推动这一群体及其家庭适应并融入中国，对中国未来社会经济和技术的发展大有裨益。政府、社会、学校和社区应全面重视、支持和鼓励外籍家庭的语言适应与融入，从家庭语言政策角度可以从以下几个方面着手：一是推动外籍家庭走出小社区，鼓励并支持其与当地中国社会的接触和交流，以在语言意识上提高外籍家庭对汉语价值的认可和汉语学习的重视；二是深入调研外籍家庭在成人汉语学习、子女多语教育等方面的需求与困境，引导学校和社会机构为其汉语及多语学习提供多元化的学习途径，运用社会和市场的力量为外籍家庭的语言教育规划创设条件并提供多样化的选择；三是考虑到在家庭语言实践中，外籍家庭获取中国当地资讯的渠道仍比较有限的现实，社区和社会机构可以创办多语种报刊、网站、APP、信息服务平台等，发布多语种的政策法规、生活就业信息等，帮助外籍家庭获取相关资讯和语言服务，使外籍家庭更好地融入中国社会，为十九大提出的"推定形成全面开放新格局"的实现贡献语言学方面的力量。

第三章

国际社区的语言生活与语言治理

第一节 浦东国际社区的语言生活与规划①

跨国人口迁移已经成为当今全球化时代国际社会共同面对的一个重大课题。随着我国国际化程度的提高和"一带一路"倡议的实施，中国正从一个单纯移民输出国向移民输入和输出并重转变，来华外国人数量日益增长，并由以往的流动性为主特点，开始出现定居趋势。在华常住外国人的人群规模、专业水准和居留时间都呈不断上升趋势。当前国内常住外国人主要分布在上海、北京、广州等大都市，其中以上海的外国人集聚规模最大，并形成了一批国际社区。据《上海统计年鉴2017》显示，截至2016年底，上海常住外国人已达175674人，约占全国常住外国人总数的三成。上海目前已形成的外国人聚居区主要有以欧美地区外籍人员为主的浦东碧云国际社区、联洋国际社区以及浦西以日韩等国人为主的古北国际社区等。在构建全面开放新格局的过程中，日渐增多的在华常住外国人的语言生活状况及相关语言问题亟待研究，尤其是面向在华外国

---

① 本章内容曾以《上海浦东国际社区的语言生活调查研究——兼论社区语言规划》为题发表在《云南师范大学学报》（哲学社会科学版）2018年第6期，收录本书后又有所增删。

人的语言规划战略研究亟待加强。

一 研究概况

目前国内学者对在华外国人语言生活的研究主要是关注北京和上海"韩国城"、广州非洲人聚居区的语言景观、语言使用状况,[①]对更为异质、多元、开放的跨国移民言语社区的关注匮乏,有学者指出,应将微观层面的社区语言规划纳入国家语言规划视野,社区可以率先发起语言规划,推动政府采取有效的语言政策。[②]因此,本节试图通过对上海一个更为异质、多元、开放的国际社区——碧云国际社区的研究,探讨其中的语言生活与社区语言规划。

诞生于浦东开发历史背景下的碧云国际社区,位于上海金桥开发区腹地西侧,汇集了60多个国家地区千余户外籍家庭,1.4万社区人口中,有9000多人是外籍,主要来自美、英、德、法等欧美国家和地区,是上海最成熟也是异质性最高的国际社区。

我们对碧云国际社区语言生活的研究采用了问卷调查、访谈、观察、拍摄、文献搜集等多种方法。问卷调查的内容包括个人背景信息、语言使用习惯、语言能力状况、语言服务需求以及语言态度等。我们在2017年3至4月在上海浦东碧云国际社区,随机面访社区外籍人员,剔除游客,共回收有效问卷103份。被调查对象来自20多个国家,主要来自欧美地区,包括美国(46人)、德国(11人)、加拿大(9人)、英国(7人)、西班牙和法国(各5人)、荷兰、巴西、以色列和瑞典(各2人)、瑞士、意大利、比利时、希腊、乌克兰、新西兰、澳大利亚、哥伦比亚、菲律宾、印度和哥斯达黎加(各1人)。其中母语为英语的有58人,德语12

[①] 巫喜丽、战菊:《全球化背景下广州市"非洲街"语言景观实探》,《外语研究》2017年第2期;聂平俊:《外国人聚居社区的语言景观考察——以北京"韩国城社区"为例》,《语言学研究》2016年第2期;俞玮奇、王婷婷、孙亚楠:《国际化大都市外侨聚居区的多语景观实态》,《语言文字应用》2016年第1期。

[②] 李宇明:《语言规划学的学科构想》,《语言规划学研究》2015年第1期;方小兵:《言语社区规划与母语安全》,《语言政策与规划研究》2015年第1期。

人、法语 9 人、西班牙语 8 人、荷兰语 4 人、葡萄牙语、瑞典语、希伯来语各 2 人，此外还有意大利语、乌克兰语、匈牙利语、印地语、他加禄语等；男性 67 人，女性 36 人；年龄从 13 岁至 64 岁不等，平均年龄 38 岁。职业分布情况为：公司职员 22 人，公司高管 16 人，国际学校教师 22 人，学生 26 人，家庭主妇 9 人，其他 8 人。平均在华定居时间为 4.6 年。在已婚的 78 人中，有 21 人的配偶为中国人。在问卷调查过程中，我们对部分受访者进行了访谈。

对社区语言景观的调查主要采用数码相机，对社区主要街道碧云路两侧可视范围内的语言标识（包括路牌、门牌、建筑名称牌、店名牌、机构名牌、广告牌、海报、警示牌、信息牌等）进行拍照记录，共获得 512 个有效样本，然后对标识的语言种类、语言模式、语言顺序、标识的属性和优势语码等信息进行编码统计。在编码过程中，每一个有明显边框的语言标识作为一个计量单位计算。

二 浦东国际社区外籍人士的语言生活状况

考察国际社区外籍人士的语言实践，即其可观察的语言行为和语言选择模式，可以透射出国际社区实际的语言政策。

（一）语言能力状况

语言能力调查结果显示（见表 3-1），上海浦东国际社区的外籍人员普遍掌握多语种能力。有 24.3% 的被调查者表示自己掌握四种以上语言，23.3% 掌握三种语言，32.0% 掌握两种语言。几乎所有的被调查者都表示自己会说英语，但只有约 40.0% 的被调查者表示自己会说汉语。

从具体语言能力掌握情况来，浦东国际社区外籍人员的英语水平普遍较高，近 70.0% 的被调查者表示自己的英语听说读写能力达到英语本族说话人的水平，另有约 22.0% 被调查者表示自己英语听说读写能力达到高级水平，英语听说读写能力为中级以下的不到 10.0%。而另一方面，外籍人员的汉语水平普遍偏低，分别有 35.0% 和 32.0% 的被调查者表示完全听不懂或不会说汉语，又分别有35.0%和41.8%的被调查者表示自己听或说汉语的能力只有初级水平,汉语听说能力达到中级以上的受访者不到30.0%。相比汉语听说能力,外籍人员的汉语读写能力更差,分别有61.2%和68.0%的被调查者表示完全读不懂或不会写,另有约18%的被调查者表示自己的汉语读写能力只有初级水平。汉语阅读能力达到中级以上的只占20.4%,汉语写作能力达到中级以上的仅有13.7%。对于汉语听说能力普遍只有初中级水平的国际社区欧美外籍人员来说,读写汉字更为困难。

表3-1 浦东国际社区外籍人员的语言能力分布状况(N=103)

(单位:%)

		完全不会	初级	中级	高级	本族水平
英语	听	1.0	1.9	5.8	23.3	68.0
	说	—	3.9	5.8	22.3	68.0
	读	—	1.9	8.7	21.4	68.0
	写	—	5.8	4.9	22.3	67.0
汉语	听	35.0	35.0	18.4	7.8	3.9
	说	32.0	41.8	15.5	7.8	2.9
	读	61.2	18.4	14.6	2.9	2.9
	写	68.0	18.4	11.7	1.0	1.0

(二) 日常语言使用习惯

我们采用语言使用五度量表(1=完全不说,5=总是说)调查浦东国际社区外籍人员在家庭域、工作域、朋友域、公共域等不同场域下的语言使用习惯。结果显示(见表3-2),这些外籍人员在各场域下普遍使用英语,汉语的使用度非常低,其他语言除了在非英语母语人员的家庭域中有较高的使用度以外,在其他领域基本很少使用。

在家庭场域,外籍人员仍主要将英语或其他外语(母语)作为自己的家庭语言,尤其是跨国婚姻家庭中普遍采用英语作为家庭交际语言。即使是在21个配偶为中国人的跨国婚姻家庭中,经常性说中文的也只有2个家庭。

外籍人员在工作场域，更是普遍使用英语，即使是在与中国同事交流时，也很少说汉语。在与外国同事交际时除了偶尔会使用非英语的外语，更多仍是选择使用英语。

外籍人员在社区的公共场域，如在社区的餐馆、商店、银行、医院等，相较于家庭场域和工作场域，英语的使用度稍有降低，汉语的使用度由于受其语言能力所限也只是略有提高，大多数外籍人员在公共交际中只说一些简单的汉语日常会话。

在日常所接触的媒体方面，通过网络等媒介，社区外籍人员经常收看的影视节目主要是英语类节目，浏览的报刊也是英文报刊，非英语国家的外籍人员还会接触其母语类节目或报刊，但都很少会去接触中文节目或报刊。

总体上，国际社区外籍人员的工作和公共语言生活是以英语为主，其他外语主要局限在非英语国家外籍人员的家庭或媒体领域，汉语在外籍人员的公共交际中只是辅助性工具。

表3-2　上海浦东国际社区外籍人员的日常语言使用情况

场域	汉语 均值	汉语 标准差	英语 均值	英语 标准差	其他语言 均值	其他语言 标准差
在家与家人	1.46	0.843	4.14	1.379	3.88	1.452
与中国同事	2.17	1.225	4.29	1.16	1.31	0.967
与外国同事	1.38	0.696	4.70	0.837	2.03	1.663
与中国朋友	2.22	1.328	4.19	1.213	1.08	0.364
与外国朋友	1.17	0.471	4.78	0.699	2.20	1.627
在购物场所	2.33	1.295	3.92	1.352	1.34	1.067
在餐馆饭店	2.64	1.356	3.92	1.338	1.21	0.742
在医院诊所	2.03	1.415	4.16	1.362	1.39	1.115
在银行	2.17	1.445	3.92	1.432	1.17	0.737
问路	2.93	1.589	3.35	1.593	1.05	0.212
影视节目	1.42	0.920	4.65	0.702	2.60	1.512
报刊	1.14	0.551	4.55	0.914	2.83	1.607

注：该部分调查为五度量表，1＝完全不，2＝很少，3＝有时，4＝经常，5＝总是。在调查学生时，"与中国同事""与外国同事"项不填。

（三）语言态度状况

国际社区外籍人员的语言信仰主要包括其对当地官方语言、国际通用语言（英语）或母语的价值、权利及效用的衡量，这通常是隐形的，但会在其语言态度上有所体现。研究采用李克特五度制量表的形式，让被调查的外籍人员分别从语言的亲切程度、社会声望以及有用程度等指标对汉语和英语进行评价。调查结果显示（见表3-3），上海浦东国际社区外籍人员对汉语评价最高的是其有用性（4.60），其次是社会声望（3.93），最低的是亲切程度（3.47）；对英语评价最高的是其社会声望（4.06），其次才是有用性（3.97）和亲切性（3.95）。

这表明即使长期生活在英语通行的国际社区，外籍人员仍然意识到汉语是极具实用价值的语言。外籍人士在国际社区可以依赖英语生存，但一旦走出国际社区，大多数人偏低的汉语水平将大幅降低其生活的便捷度和舒适度，甚至产生了在华生活汉语的有用程度要显著高于英语（$p<0.05$）的语言意识。例如访谈的某外资公司职员 E，他的汉语只有初级水平，他说他来到中国以后身边没有太多的外国朋友，很多情况都需要说中文，这让他感到十分受挫；又如某外资公司高管 H 因工作调动来到上海，因为平时工作语言是英语，交往的朋友也都会英语，加上工作忙，来上海很多年都没有学习过中文，现在他去医院、银行等场所都要带上自己的秘书，请她帮忙翻译，平时在餐馆、超市等场所，如果遇到对方是中国人无法听懂自己说的，他说自己就只能打手势来表达了。此外，汉语的官方地位，也使国际社区的外籍人员普遍意识到汉语是具有社会声望的语言。

至于英语，他们认识最深刻的是英语在中国所具有的社会声望，甚至认为英语的社会声望要高于中国的通用语言，其次是英语的实用价值，这种意识形态的形成，与英语的国际通用语地位、该群体的社会经济地位以及中国社会的英语热密不可分。例如访谈对象 C 是国际学校的教师，几乎不会说中文，因为国际学校的工作语言就是英语。她认为社区内国际化程度很高,接触到的中国人也都会说英语,不工作休假的时候自己会选择出国旅游,因此没有时间也认为没有太多必要去学习中文。这些外籍人士自身所掌握的国际通用语英语,赋予了其较高的文化资本、社会资本和优越的工作机会,而所生活的国际社区又为其配套了大量的公共服务设施,如涉外医院、国际学校、酒吧街、教堂等等,他们在工作和生活中使用英语即能过上相对舒适的生活,不少中国人也会主动用英语与之交流,因此外籍人士深刻感受到了英语在上海的社会地位和效用价值,甚至使得不少人都认为没必要学习汉语。

表3-3 上海浦东国际社区外籍人员的语言态度状况(人数=103)

语言态度	汉语 均值	汉语 标准差	英语 均值	英语 标准差	配对样本 t 检验 均值差	配对样本 t 检验 t 值	配对样本 t 检验 显著性
亲切	3.47	1.211	3.95	0.922	-0.475	-3.766	0.000
有用	4.60	0.771	3.97	0.936	0.631	5.419	0.000
社会声望	3.93	0.866	4.03	0.862	-0.106	-1.182	0.240

三 浦东国际社区的语言景观及语言服务需求

社区的语言景观不仅是一种语言实践,同时也反映了社区的语言意识形态以及社区的语言管理。语言标识上的多语格局是各种语言的权势地位、语言活力相互竞争的结果,也将社区中隐藏的语言地位关系"具象化"。[①] 对碧云社区收集到的512块语言标识分析显示(见图3-1),单语标识占46.4%,双语和多语标识占到了54.6%,超过了半数。其中出现最多的语言标识类型是汉英双语标识,所占比例达到48.6%;其次才是汉语单语标识,占26.2%;排第三的是英语单语标识,占19.7%;其他类型的语言标识数量都比较少。在所有语言标识中,有79.1%的标识出现了汉语,70.5%的标识出现了英

---

① 巫喜丽、战菊:《全球化背景下广州市"非洲街"语言景观实探》,《外语研究》2017年第2期。

语,此外,西班牙文、法文、日文、韩文等多国文字也出现在各类语言标识上,但都只占非常小的比例,分别只有1.8%、1.6%、1.2%和1.0%。这表明居住着各国人士的碧云国际社区是一个多语共存的多元化社会,但同时又是以汉语和英语作为社区最为通行的语言。社区里绝大多数信息都是以汉语和英语传递的,因此如果缺乏汉语或英语能力在国际社区生活将会遇到不少困难。

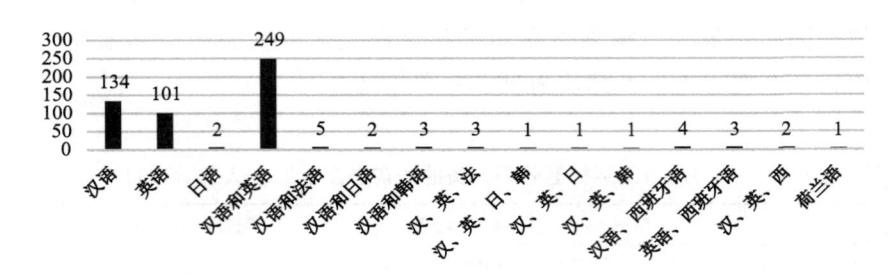

语言标识类型	数量
汉语	134
英语	101
日语	2
汉语和英语	249
汉语和法语	5
汉语和日语	2
汉语和韩语	3
汉、英、法	3
汉、英、韩	1
汉、英、日	1
汉、英、西	1
汉语、西班牙语	4
英语、西班牙语	3
汉、英、西	2
荷兰语	1

图3-1 上海浦东碧云国际社区的语言标识类型和数量

从语言标识的设立者来看,官方设立的语言标识主要是汉英双语标识(62.4%)、汉语单语标识(36.7%)和英语单语标识(0.9%),其中95.6%的官方双语标识是以汉语为优势语言。通常认为官方标牌语言反映了显性的语言政策及官方语言意识。显然,碧云社区里的官方语言标识反映了社区以汉语为主导语言、以英语为辅助沟通语言的官方语言意识;较高比例的英汉双语标牌也透射出社区主管部门具有一定的语言服务意识,但其语言服务能力仍有可提高的空间。

民间设立的语言标识从多到少,依次是汉英双语标识(44.9%)、英语单语标识(24.8%)、汉语单语标识(23.3%)、汉法双语标识(1.0%)、汉韩双语标识(0.7%)、英西双语标识(0.7%)、汉英法三语标识(0.7%)等。其中56.8%的民间双语和多语标识的优势语码是汉语,38.3%的优势语码是英语,2.9%是西班牙语,另有1.5%和0.5%的优势语码是法语和日语。民间语言标识在语言模式和符号偏好上都要比官方语言标识更加多元化，也体现了社区隐性的语言政策和"草根文化认同"。在民间语言标识上，与英语相比，汉语主导地位的优势并不十分明显，这也反映出英语和汉语在国际社区日常生活中具有近乎同等的地位。英语在国际社区日常生活中所赢得的地位，与英语的国际通用语言地位、社区外籍人员的人口规模、社会经济地位和身份认同紧密相关。其他非英语的外语语种虽然在标识上出现的比例很小，但其在这些标识上的优势语码地位不容小觑。非英语外语在民间标识上所获得的优势语码地位，反映出这些外语在跨国移民社区并非完全是边缘化的，同时也象征着外籍人员的文化身份认同。

至于这些社区语言标识，问卷调查结果显示，有15.5%的被调查者表示自己完全看不懂，24.3%表示仅能看懂很少的部分，22.3%表示能够看懂一些，30.1%的表示自己能看懂大多数语言标识，仅有7.8%的被调查者表示自己能完全看懂社区里的语言标识。调查还显示有80.6%的被调查者强烈要求或者要求社区配套设置有英文的语言标识。

至于需要配有英文标识或英语翻译的领域，调查结果以需求数的从高到低依次排列为公共交通（82.5%）、医院/诊所（78.6%）、路牌（75.7%）、银行（56.3%）、餐馆（53.3%）、宾馆酒店（50.5%）、超市（46.6%）、学校（46.6%）、政府机构（42.7%）、娱乐场所（38.8%）、展览馆（33.0%）、邮局（31.0%）、小区内（24.2%）、教堂（23.3%）等。公共交通、医院、银行成为绝大多数外籍人员最迫切需要有英语服务的领域。公共交通、路牌等涉及外籍人员每天日常出行的需要，而医院、银行则是个人生活必需。上海市政府发展研究中心2015年的调研同样发现医疗和公共交通服务是外籍人士反映最为突出的两个公共服务问题："相当一部分外籍人士向问卷调查员反映，他们之所以不去上海本地医院就诊，既不是担心药品不安全，也不是不放心医生水平，完全是就医语言不通的问题"，而公共交通则是由于"缺少英文信息及时刻表,不知道怎么乘坐,导致不敢去乘坐"。① 因此,社区语言规划必须重视外籍人员社区生活亟须的外文公共服务建设与监管问题。

四　面向国际社区的语言服务与语言治理

海外人才汇聚浦东的同时,浦东地方政府也为吸引和留住国际优秀人才不断创造着良好的投资、创业、就业和生活环境,其中包括采取各种教育(含语言教育)措施,妥善解决浦东国际社区外籍人士子女在华受教育(含语言教育)问题。目前浦东独立设置的外籍人员子女学校(含教育补习中心)有20多所,在校生规模超过了1万人,位居上海乃至全国前列。学校教育体制主要沿袭北美和欧洲,以欧美课程和国际课程为主。课程设置主要分为三类:一是国际文凭课程(IB课程等),以国际文凭组织教学大纲为教学目标,教学语言为英文,学生毕业后主要进入英国或北美大学学习;二是国别课程,以举办者所属国的教学大纲为依据,采取同步的教学计划及要求的课程教学,教学语言为所属国母语,学生毕业后进入所属国大学学习;三是中外结合的课程,根据学生特定需求而设计,结合国内和国际课程,教学语言为英文、中文和特定外语,学生毕业后能进入欧美大学或中国的大学学习(见表3-4)。

表3-4　　　　浦东外籍人员子女学校的课程设置情况

序号	学校名称	学制	课程类别			
			学前	小学	初中	高中
1	上海美国学校	幼儿园—高中	美国	美国	美国	美国 AP/APcapstone/IB
2	上海日本人学校	小学—高中	—	日本	日本	日本
3	上海耀中国际学校	幼儿园—高中	校本课程	英国	英国、IGCSE	IGCSE、IB

---

① 上海市地方志办公室:《在沪外籍人士工作生活状况》,《上海年鉴(2015)》,上海年鉴编辑部2015年版。

续表

序号	学校名称	学制	课程类别			
			学前	小学	初中	高中
4	上海德国学校	幼儿园—高中	德国	德国	德国	德国
5	上海法国学校	幼儿园—初中	法国	法国	法国	法国、IBDP
6	上海长宁国际学校	幼儿园—高中	美国	美国	美国	美国、IBDP
7	上海协和国际学校	幼儿园—高中	美国	美国	美国	美国
8	上海英国学校	幼儿园—高中	EYFS	IPC	IGCSE	IB
9	上海德威英国国际学校	幼儿园—高中	英式	英式	英式	10—11年级IGCSE；12—13年级IBDP、AP、CIE
10	上海惠灵顿国际学校	幼儿园—初中	英式	英式	英式	10—11年级IGCSE；12—13年级IBDP
11	上海哈罗外籍人员子女学校	幼儿园—高中	英式	1—5年级英式	6—8年级IGCSE	9—13年级A-Levels
12	奥伊斯嘉上海日本语幼儿园	幼儿园	日本	—	—	—
13	上海美丘第一幼儿园	幼儿园	日本	—	—	—
14	上海中学国际部	小学	—	美国	美国	美国、IBDP、AP
15	华东师大二附中国际部	初中—高中	—	—	校本课程	校本课程、AP课程
16	上海市进才中学国际部	小学—高中	—	IPC	IB、MYP	IBDP（英文）/校本课程（中文）
17	上海市实验学校国际部	小学—初中	—	校本课程	AP、A-level	—
18	上海日本人教育补习中心	小学—高中	—	日本	日本	日本
19	东进上海日本人补习中心	小学—高中	—	日本	日本	日本
20	上海一麦日本人补习中心	幼儿园—高中	日本	日本	日本	日本

注：根据《上海市外籍人员子女学校蓝皮书》整理。

在医疗服务方面，浦东新区多家三甲医院的国际部、国际医院以及外资医院或医疗机构，大都能为外籍人员提供多语种医疗服务（见表3-5）。以上海自贸区开设的首家外资医院上海和睦家新城医院为例，其员工来自全球25个国家，工作人员可提供多达20种的医疗语言服务。[①]

表3-5　　　　　　　上海浦东的外资医疗机构情况

序号	医院名称	机构类别	网站语言	语言服务及人才招聘语言要求
1	上海和睦家新城医院	综合医院	中、英、日	为患者提供外语翻译。患者需要时可以得到口译服务，以协助交流。患者可以根据自身需要获得院方翻译的医学资料。招聘工作人员要求应聘者具备英语能力，语言要求还涉及普通话、法语、德语等语种。
2	上海阿特蒙医院	综合医院	中、英	—
3	上海瑞东医院	综合医院	中、英	护士招聘要求：英语口语熟练者优先。客服专员/导医：英语熟练者优先；会上海话者优先。
4	上海品众口腔门诊部	口腔门诊部	中	—
5	上海德视佳眼科门诊部	眼科门诊部	中、英、德	招聘要求：英语流利
6	上海森茂诊所	综合门诊部	日	
7	上海东方联合医院	综合医院	中、英	部分岗位招聘涉及语言要求，英语为必备项，其他语种为加分项。
8	上海永远幸妇科医院	妇产科医院	中、英、日	护士招聘要求：懂护理英语（或日语）专业知识，要求具备良好的听、说、读、写能力。

数据来源：上海市卫生健康委员会及各医院门户网站。

---

① 网易：《沪自贸区首个外资医院开业　员工来自25个国家医师多为外籍》，https://www.163.com/dy/article/DJHRQ28S051480V3.html，2018年6月5日。

浦东在涉外管理过程中也不断紧跟国际化发展的脚步，试点推广在国际社区设立境外人员服务站的模式。服务站内提供浦东公安分局临时住宿登记、双语版出入境服务指南、社区生活指南便民手册等各类资料，并将每周四确定为"警官接待日"，由公安分局派遣精通多国语言的骨干民警现场接受出入境政策咨询。2013年上海市于浦东国际社区设立的首个"境外人员服务站"，也是第一次聘用"社区涉外干事"，招募了8名精通英、日、韩三国语言的年轻工作人员，并对应四季雅苑、仁恒河滨等18个小区实行区域责任制，开展点对点服务。境外人员服务站为境外人员协调解决居留许可急事急件办理、语言翻译等出入境方面的实际困难。① 借鉴该模式，目前浦东新区已在多个外国人聚居的街镇建成了境外人员服务站9处，有效提升了全区境外人员的管理效率和服务质量。

2020年初的疫情防控中，浦东国际社区积极探索面向国际社区外籍人士的语言服务。例如碧云、联洋等国际社区一方面统一设置中、英、日、韩、意等语言的"来沪人员登记处"，统一张贴原创设计的多语种"防疫健康提示""居民温馨提示"等宣传版面，悬挂多语种宣传横幅与海报，并通过邮件、微信公众号等多渠道推送多语种居家防护科普绘本、防疫电子手册等。另一方面社区招募外语志愿者，协助门岗值守、登记信息、翻译防疫宣传资料，通过微信群、朋友圈等方式向外籍居民推送多语种权威抗疫信息，传播正能量。② 浦东新区部分街道还招募了一支翻译志愿者队伍，为社区防疫工作人员和外籍居民做好闭环保障。③ 对于居家隔离的外籍

---

① 郑言：《联洋社区服务站运行两年深受"老外"欢迎，浦东推广境外人员服务站模式》，《浦东时报》2015年5月28日第2版。
② 邹娟：《常住外籍人士三千多人，上海碧云社区摸索出一套隔离服务标准》，《澎湃新闻》2020年3月15日，https：//www.thepaper.cn/news Detail_forward_6522131。
③ 邹娟：《做好闭环输送，上海这个街道招募了60人翻"疫"志愿者队伍》，《澎湃新闻》2020年3月19日，https：//www.thepaper.cn/news Detail_forward_6588421。

居民，国际社区等基层组织更是提供了不少必要的语言服务和协助。例如实行"三对一"专人包干制，安排1名社区医生、1名涉外社工（或外语志愿者）、1名物业专员，对口服务1户隔离家庭；为每户居家隔离家庭建立1个微信群，提供健康监测、语言翻译等个性化服务，帮助解决隔离家庭生活方面的实际困难。①

五　面向国际社区的语言规划

（一）国际社区的语言生态与事实上的语言政策

从上述调查结果可以看出，上海浦东国际社区是人口结构和语言使用"超多元性"的跨国移民社区。社区外籍人员普遍具有多语言能力，不同背景移民的言语库丰富而复杂，同时各种语言也以各种形式活跃在社区的各类语言实践之中。但各种语言在社区的活跃度、流通度乃至地位都是不同的。首先，英语是外籍人员在工作、家庭、日常生活以及公共交际中最普遍使用的语言，也是国际社区普遍通行并具有高社会声望的语言。社区内大量信息都有英语的传达，因此外籍人士只要掌握英语，便具备较高的"移动潜势"，可以在社区内比较自如地生活。从官方设置的语言标识也可以看出，政府部门一方面重视英语的作用，将英语作为体现城市国际化、服务外籍人员的沟通工具，但另一方面政府在英语标识、翻译服务等方面的努力尚未完全获得外籍人士的认可。

其他非英语外语在社区里则处于相对边缘的状态，主要活跃在社区非英语国家外籍人士的家庭领域、私人领域的交流沟通以及一些商业机构标识上等。外籍人士如果仅使用非英语的外语在社区生活将会遇到许多困难。从官方语言标识的设置，也可以看出政府部门对社区非英语外语语种的忽视。但这些外语在社区中的出现体现出非英语国家人士对自己母语的文化身份认同和语言忠诚。

汉语则出现在了近80%的国际社区语言标识上，在政府所设

---

① 唐玮婕：《碧云社区："三关"无缝衔接严防疫情输入》，《文汇报》2020年3月16日城事版。

的语言标识中更是完全占据绝对优势的语言地位。一方面，汉语获得了国家语言政策法规、政府部门以及生活在国际社区的中国人的支持，汉语在国际社区同样是最通行且具有高社会地位的语言。但另一方面，由于社区外籍人士的汉语能力和汉语使用度普遍偏低，无法读懂汉语标识等，社区里外语标识泛滥，汉语也很难成为外籍人士与当地社区中国人之间交流沟通的工具，因此社区里不少面向本地中国人的招聘启事通常都要求应聘者具备一定的英语能力。外语的过度流行，也使汉语在国际社区的地位和功能受到一定程度的削弱。

面对国际社区如此错综复杂的语言关系，社区乃至城市主管部门有必要站在国家战略高度做好国际社区的语言地位规划、功能规划，厘清国家通用语言与国际通用语言英语、非通用外语等之间的关系，明确不同语言在国际社区不同层面的使用范围、优先次序，合理应对国际社区不同人群的语言需求，实现国际社区的语言生态平衡。

（二）以融入为指向的国际社区语言服务规划

尽管有国际社区的存在，但受语言文化差异等因素的影响，在华外国人融入当地社会仍面临巨大挑战。当前我国在国际移民管理制度、体制和机制方面仍处在探索阶段，尚无政府部门单独负责或牵头负责常住外国人的社会融入问题。[①] 国际社区作为在华外国人日常居住场所，也是微观领域语言规划实施的有效场所，社区语言管理可以发挥作用，推动外籍人口的社区融入。社区语言管理可以从以下几个方面着手以推动外籍人士的融入：一是可以通过培训、招聘等多种方式，提高国际社区基层管理人员、涉外窗口工作人员的外语和跨文化交流水平，鼓励并推动社区金融、医疗、餐饮等机构提供完善的多语种服务，提高国际社区整体的语言服务水平；二是提高社区语言标识的多语种化，合理设置公共设施的多语种标

---

① 刘国福：《中国国际移民的新形势、新挑战和新探索》，《山东大学学报》（哲学社会科学版）2015 年第 1 期。

识，尤其是在外籍人员亟须的公共交通、医疗等公共服务领域，加强多语种标识的设置和管理，纠正中式英语错误，根据外籍人口结构规模，合理增添非英语的外语语种标识，减少外籍人士的语言障碍；三是社区可以密切关注社区外籍人员的具体语言需求，利用周边高校、企业、机构资源，创办多语种报刊、生活指引手册，开发语言服务和语言学习培训的网站、APP、信息服务平台等，发布多语种的政策法规、生活就业等信息，帮助外籍人士获取相关资讯和语言服务，使外籍人士更好地融入本地社区；四是国际社区应将增进多元语言文化间交流和沟通作为社区语言文化建设的重点，推动社区中外人士之间语言文化交流活动的开展，减少外籍人员与本土社会之间的语言文化冲突。

（三）面向国际社区的中文传播规划

导致外籍人士社会融入困难的重要因素之一便是汉语能力差，因此不少外籍人士对汉语学习有着强烈的需求。有学者指出在华外籍人士的汉语学习单靠个体努力远远不够，需要政府、学校、社区等多层面多方面的支持。[①] 社区应重视跨国移民社区的汉语习得规划，让国际社区成为汉语传播的前沿阵地。但国际社区外籍人士的汉语学习需求又有自身的特点，不能简单套用已有的专业汉语教学思路和模式。《文汇报》曾报道过上海国际社区社工站提供的团体免费中文班遇冷的现实，最后发现"在主席、董事、总经理扎堆的'新天地'，外籍居民需要一对一的高品质、个性化服务"，"需要的不是'政府埋单'，而是信息服务"。[②] 因此，国际社区的汉语传播首先要做的是调研跨国移民的汉语学习需求状况，了解不同类型外籍人员个性化的汉语学习需求特点，建立汉语学习和培训的信息平台，引导高校、企业、教育培训机构为国际社区不同类型的外籍人员提供团体面授、一对一教学、网络在线学习、手机APP学习软

[①] 李英姿：《重视在华国际家庭的语言教育规划研究，推动汉语传播》，《语言战略研究》2017年第6期。

[②] 钮怿：《巧解国际社区的"国际烦恼"》，《文汇报》2009年7月3日第1版。

件、汉语学习网络资源等多元化的学习途径，推动社区外籍人士的汉语学习，实现国际社区的汉语传播。

国际社区连接着外籍家庭与中国社会，国际社区语言规划可以充分协调自上而下和自下而上的语言意识、语言实践，一方面，在现有国家层面语言规划缺位的情况下，率先发起社区语言规划，回应社区外籍人员的合理语言需求，解决国际社区语言问题，推动政府采取有效的语言政策；另一方面，社区语言规划可以积极利用社区资源，通过国际社区基层的语言管理工作来贯彻国家语言意识，推动国家全面对外开放格局下语言战略目标的实现。随着我国全面开放格局的形成和发展，来华常住外国人口和国际社区必然会持续增加，这势必会对国际社区今后的语言管理、语言服务以及语言规划工作提出更高的要求。当前我们有必要未雨绸缪，站在国家全面对外开放的战略高度做好国际社区的语言地位规划、语言功能规划、语言服务规划和语言传播规划，设计好协调国家通用语言与国际通用语言英语、非通用外语等之间关系的方案，实现国际社区语言生活的和谐稳定发展。

第二节　虹桥韩国人聚集区的语言生活状况与治理[①]

随着中国与世界各国交流交往的日益密切，国内城市的国际化程度不断加深。大量跨国公司、国际机构落户北京、上海等大城市，随之而来的便是来自国外的管理人员、技术人员、职员、留学生等大量旅居国内的大都市。目前在北京、上海、广州等大城市已经形成了一批具有一定规模的外国人聚集区，例如在北京的望京、上海的闵行虹桥镇、广州的远景路地区等地形成了多个韩国人相对集中的聚集区，这些聚集区常常被当地人通俗地称为"韩国城"或

[①]　本节内容与姜姝雯合作撰写。

"韩国村"。以上海为例，经过十多年的发展，目前在沪旅居的韩国人逐渐形成了以闵行区的虹泉路、吴中路、合川路为中心，向外辐射至长宁区古羊路、荣华东道、水城南路的族裔聚居格局。

一 研究概况

目前有关国内城市外国人聚集区的研究，主要是关注其空间生产、族裔经济的形成等方面，[①] 对在华外国人语言生活和语言规划的研究才刚刚起步。李宇明最早从外语规划和语言服务的视角指出针对在华外国人日益活跃的外语生活，迫切需要我们提供并不断完善语言服务，培养社区、行业的外语人才，"对中国境内外国公民的语言服务，将成为中国一项重要的外语事业"。[②] 王春辉讨论了与在华外国移民有关的几个语言问题：公共领域的语言服务，语言在移民融入当地社区中的作用，移民的语言能力与经济收入问题，移民准入的语言测试问题。[③] 李英姿提出了应重视在华国际家庭的语言教育规划的观点。[④] 除了上述几篇从语言规划角度研究在华外国移民的语言问题以外，国内还有一些学者对在华外国人聚集区的语言状况进行了社会语言学调查，如张秀彦、陈芳和郭熙调查广州小北路非洲裔外国人聚集区的语言使用状况，指出应尽快系统调查在华外国人的语言状况，制定出相应的语言政策和法律法规。[⑤] 不

[①] 刘云刚、周雯婷、黄徐璐等：《全球化背景下在华跨国移民社区的空间生产——广州远景路韩国人聚居区的案例研究》，《地理科学》2017年第7期；文嫮、宁奉菊、曾刚：《上海国际社区需求特点和规划原则初探》，《现代城市研究》2005年第5期；周雯婷、刘云刚：《上海古北地区日本人聚居区族裔经济的形成特征》，《地理研究》2015年第11期；

[②] 李宇明：《中国外语规划的若干思考》，《外国语》2010年第1期；李宇明：《树立"外语生活"意识》，《中国外语》2017年第5期。

[③] 王春辉：《在华国际移民的相关语言问题研究》，《江汉学术》2016年第1期。

[④] 李英姿：《重视在华国际家庭的语言教育规划研究，推动汉语传播》，《语言战略研究》2017年第6期。

[⑤] 张秀彦、陈芳、郭熙：《广州小北路外国居民语言生活状况》，载教育部语言文字信息管理司组编《中国语言生活状况报告（2012）》，商务印书馆2012年版，第141—147页。

少学者从语言景观的视角调查了北京、上海的"韩国城"、广州"非洲街"的外国人聚集区语言生活,通过分析语言景观中不同语言的分布比例、特点及其主要模式,指出政府的语言管理和服务能力仍有待加强。[①] 近年来,国家语委也意识到对在华外国人语言生活和语言规划研究的不足,《国家语委"十三五"科研规划》在"语言文字使用状况调查"重大研究专题中专门提出要"调研外裔外国人集中地区的语言生活状况"。

因此,本节将选择位于上海闵行虹桥镇的大型韩国人聚集区,调查研究韩国人聚集区的社会语言生活状况。研究主要采用问卷调查、访谈、观察以及拍照记录等方式展开。以下将先汇报从2018年11月至2019年3月在上海闵行虹桥镇的虹泉路、虹中路等地开展的问卷调查情况。这次调查共发放问卷125份,回收有效问卷101份,有效率为80.8%。接受问卷调查的101人中,男性36人,占35.6%;女性65人,占64.4%;在上海连续居住6年以上的占57.4%,文化程度为受过高等教育(本科及以上)的占75.3%。

本节随后还将汇报于2014年7月至8月间对该聚集区内"韩国街"虹泉路两侧可视范围内的语言标牌(包括路牌、门牌、建筑名称牌、店名招牌、宣传海报、招聘海报、广告牌、警示牌、信息牌等)进行拍照调查的情况。这次调查共计搜集到426块语言标牌。

二 韩籍人士的语言生活状况

(一)语言能力状况

问卷调查结果显示,73.4%的被调查者表示自己会说汉语,但这其中只有44.6%的被调查者表示自己的汉语听说能力较好,有

---

① 俞玮奇、王婷婷、孙亚楠:《国际化大都市外侨聚居区的多语景观实态》,《语言文字应用》2016年第1期;巫盛丽、战菊:《全球化背景下广州市"非洲街"语言景观实探》,《外语研究》2017年第2期;聂平俊、刘宏刚:《生活空间视角下北京"韩国城社区"语言景观研究》,《语言学研究》2023年总第34辑。

11.9%表示自己只能听懂很少一部分汉语或只会说一些简单的汉语会话。此外，被调查者普遍表示自己的汉语读写能力要弱于听说能力，自报能熟练阅读中文书刊的仅占14.9%，能熟练运用中文写作的仅占8.9%。被调查者中表示自己会说上海当地方言的仅有3人，这3人是由于所从事的职业需要经常与当地上海人打交道才掌握上海话的，如其中一位被调查者（男性，47岁，商人）的中文经历：虽然来上海之前，曾在韩国的补习班学过汉语，大学期间还曾作为语言交流生来过上海，但他几乎接触不到上海话，直到多年前因为做生意定居上海后，与上海本地的顾客、商家接触多了，时间长了，他自己才逐渐能听懂一些上海话，并尝试着学说一些。大多数旅居上海的韩国人与上海当地人的接触并不算多，被调查者中仅有23.8%的人表示经常与当地中国人交往。在沪韩国人的整体英语水平也并不算高，虽然有三分之二的被调查者表示自己基本能听懂英语并进行简单交际，但自报能准确流利地使用英语的仅有4%。

（二）语言使用习惯

在家庭语言使用习惯方面，在沪韩国人在与家庭成员交谈时，基本上都是说韩语。被调查者中因有4人的配偶是中国人，因此他们在家中会选择说汉韩两种语言，但说韩语的频率要高于汉语，只有1人表示自己在家中更多的是说汉语。

在职场方面，被调查者中有34人是在企业工作，这其中在中资企业工作的3人表示自己在公司基本上是说汉语；在韩资企业工作的30人大多表示自己在与中国同事交流时最常使用的语言是汉语，在与外国同事交流时会使用到汉语、英语或韩语；另有1位在欧美跨国公司工作的被调查者表示，自己在公司主要是使用英语和汉语，基本上不说韩语。

在商场、银行、医院等公共场所，在沪韩国人的语言使用习惯呈现出较为一致的特点：即将汉语作为首选语言，其次会在具有韩国背景的场所使用韩语，而英语的使用率很低。如一位被调查者（女性，24岁，学生）表示：因为在中国的银行用汉语说金钱方面的话题，会比较敏感，自己会有压力，因此自己更倾向于去会有韩语服务的友利银行、韩亚银行等韩资银行。

在日常生活方面，有85.1%的被调查者表示自己平时阅读的主要是韩文书刊，75.2%的被调查者表示自己平时看的影视节目是韩语的，只有不到四分之一的人表示自己平时愿意接触包括中文在内的其他语言视频节目。

（三）汉语学习与语言服务需求

汉语学习情况调查结果显示，有49.6%的被调查者表示自己已经学了6年以上的汉语，约18%的被调查者学了3—5年的汉语，约20%的被调查者汉语只学了1—2年，另有10.9%的被调查者表示还没学过汉语或刚开始学汉语。学习动机方面，工作需要是最主要的动因，例如一位被调查者（女性，35岁，家庭主妇）就表示：自己在结婚前曾因工作的原因参加过6个月的汉语研修，结婚后成了家庭主妇也就不再主动去学汉语了。当然，对于不少被调查者而言，在华日常交际需求也是学习汉语的主要动因，有43.6%的被调查者表示因为计划长期居住在上海的原因，自己需要学习汉语以了解中国，适应当地的生活和工作。也有被调查者表示：听不懂上海话，需要学习上海话的教育机构或服务。

关于需要汉语服务或翻译的场域，被调查者的需求度由高到低，依次是医院（51.5%）、政府机构（45.5%）、旅游景点（40.4%）、道路交通信息（30.3%）、银行（25.3%）、机场（24.2%）、公共交通（15.2%）、酒店（12.1%）、餐厅（11.1%）、超市（11.1%）、学校（10.1%）、娱乐场所（6.1%）、社区（5.1%）、邮局（4.0%）。

对于需要英语服务或英语翻译的场域，需求度由高到低，依次是旅游景点（45.4%）、医院（45.4%）、政府机构（42.3%）、机场（37.1%）、银行（27.8%）、道路交通信息（24.7%）、公共交通（22.7%）、餐厅（21.6%）、酒店（13.4%）、学校（13.4%）、超市（10.3%）、社区（6.2%）、娱乐场所（4.1%）、邮局（4.1%）。

可见，当前在上海的韩国人在医院、政府机构、景点遇到的语言障碍最大，因此迫切需要外语服务。有13名被调查者在"所遇到的困难"一栏中写到，在医院因语言不通产生了各种各样的问题，如难以准确描述症状，需借助手势才能让医生理解，看不懂汉语医学名词等。政府机构则因缺乏外语服务而导致行政手续办理不便也多被提及，例如看不懂需要填写的各类登记表等。对于景区的标识和介绍性文字，部分被调查者表示他们看不懂中文，所求助的工作人员也基本上不会说韩语。另外，尽管"公共交通"一项的被选率不高，但仍有较多的被调查者会写到：在外出时因看不懂公交车时刻表、路线表，听不懂报站信息，不敢乘坐。

值得注意的是，有5位被调查者都不同程度地提及在紧急情况（交通事故、治安、医院急诊）发生时，希望能通过韩语联系到相应的服务。例如一位被调查者（女性，40岁，企业员工）直言："交通事故发生时，中国人围着看，不说普通话而说上海话，中国人的集体、团体文化令人难以接受。"此外，还有两位被调查者提到，作为一名外国人，遇到法律上的问题很难处理，希望相关机构或领事馆能够热情帮助遇到语言障碍的韩国人。

韩国人在华生活中经常遇到语言沟通上的障碍，这一方面表明外国人的汉语水平亟需提升，但另一方面也表明，中国城市在走向国际化的过程中还需提升外语服务水平。

三 韩国人聚集区的语言景观

公共空间里特定语言的可见度和显著度是评判该语言在社会环境中活力的重要参数。语言景观作为给阅读者提供信息的载体，其上承载的具体语言说明了该语言在本地区用于交流的可行性与流行度。根据2014年7至8月对上海闵行虹桥镇"韩国街"虹泉路上可视范围内语言标牌调研的结果，总体上，汉语单语标牌、汉英双语标牌、汉韩双语标牌为出现频率最高的标牌，占比依次为

26.1%、25.3%和20.4%。在所有426块语言标牌中，共计84.7%的标牌上出现了汉语，73.9%的语言标牌中含有外文，其中英语出现的比例为48.1%，韩语为41.6%。上述调查结果表明，汉语、英语和韩语是该社区语言景观中重要的构成要素，是韩国人聚集区语言生活中的主要语言。

根据标牌创制主体的不同，语言景观又可分为官方标牌和民间标牌两类。官方标牌反映的是当地政府的官方语言意识形态和现行的语言政策，而非官方标牌则能更好地体现市民生活中真实的语言权势及其背后的族群地位与认同。在该调查区域内，官方标识共计37例，占8.7%，包括交通、公共机构、公共设施的实体名称及提示性、警示性标语。官方标牌基本上是汉语单语（56.8%）和汉英双语（40.5%），出现韩语的仅占2.7%，优势语言均为汉语。可见，汉语作为官方语言，在韩国人聚集区仍居主体地位，是最强势的语言。英语则在功能上扮演辅助语的角色，这也是由其国际通用语的地位和上海国际化都市的定位所决定的。

民间标识共计389例，占91.3%，以商业服务类为主，呈现出多元化的特点。除了大量的汉英双语和汉语单语标牌外，常见的语符搭配模式还有"汉语+韩语"（22.4%）、"汉语+英语+韩语"（13.9%）、"英语单语"（7.5%）、"韩语单语"（5.7%）。聚集区内一些商铺的店主用韩语标牌来标记自己的族群身份，从而吸引顾客，不仅表明了自身对母语文化的认同，也强化了当地韩籍侨民的族群认同与归属感。另外，大量使用韩文的餐馆和美发店，为了突显自己的特色，通过张贴明星海报或播放K-pop歌曲来迎合当地追求韩流文化的中国人的消费心理。受此影响，不少中国人开设的店铺的标牌也会附带使用一些韩语，以便传递业务信息，满足消费需求。

对于公共场所的语言标牌，有44.6%的被调查者表示需要韩语翻译，这说明存在大量的在沪韩国人只能看懂较少甚至完全看不懂中文标识。只有30.7%的被调查者表示能完全或大致看懂大部分标牌的文字信息，不需要韩语翻译。因此，当地政府部门的语言服务需要考虑聚集区外国人的实际语言需求。

四 韩国人聚集区的语言治理

上海作为国际化大都市，是"一带一路"倡议、长江经济带、自贸试验区等重大国家战略实施的前沿阵地。随着其国际化环境的日趋成熟，外籍人口比重的日益增加，外语服务的重要性也越发凸显。《国家语言文字事业"十三五"发展规划》[1] 就明确规定要将"社会语言文字应用服务"列入重点工作内容。这一指向也回应了之前不少学者提出的应当消除语言障碍，提升国际社区外语服务环境的建议。而由上文对调查结果的分析可知，在沪韩籍居留人士在获取公共生活信息、社区融入等方面遇到了诸多语言问题。下文将从以下几个方面展开讨论并提供对策。

（一）完善语言景观治理，适当增加外文指引

"一致性和多样性互利共生"[2] 是城市语言生态系统发展的理想状态。当一个人"尚不能掌握自己所希望融入的社区的语言交际子系统"，[3] 那么该弱势语言使用者将处在"语言贫困"状态。语言规划要平衡各交际系统的发展，尽量消除语言障碍，构建沟通无障碍的社会。

当前地方政府的语言管理政策所体现的观念是要维护主体语言在社会生活中的主导性。据《上海市公共场所外国文字使用规定》："公共场所的标牌、设施上有广告内容且同时使用规范汉字

---

[1] 中华人民共和国中央人民政府网站：《教育部国家语委关于印发〈国家语言文字事业"十三五"发展规划〉的通知》，https://www.gov.cn/gongbao/content/2017/content_5194901.htm，2016年8月23日。

[2] 孙儒泳、李博、诸葛阳、尚玉昌：《普通生态学》，高等教育出版社1993年版，第125页。

[3] 蒋冰冰：《移民与城市语言发展研究：以上海为例》，华东师范大学出版社2014年版，第81—94页。

和外国文字的,应当以规范汉字为主、外国文字为辅。"① 从调研结果来看,虹泉路附近韩国人聚集区内官方的路牌、信息牌等几乎只标注汉语或汉英双语,这显然是基于政府部门语言文字规范引导的结果。但这也使得韩籍居留人员无法快速、有效地识读公共设施的标识语及其指示,造成了诸多不便。为了使标识语指向清晰、表达简明,相关部门可考虑在社区公共场所对实用性较强的功能性指示牌,对社区内的公交站点、医疗、旅游景点等场所的标识采用多种语言进行标记,适当增加韩文指引,促进社区语言标识的多语化。

此外,部分双语和多语标牌,特别是商店标牌的设计显得较为杂乱无序,出现不少用字、翻译、缩写的错误。对此,政府部门在尊重使用者个性化设计的同时,也要对不符合现行语言文字规范的现象加以引导管理。语言文字工作者应积极研制并推广外文翻译标准。政府管理部门在对传播度、辨识度、译写规范综合考量的基础上,印发名称规范手册,为商店和广告从业人员提供咨询与指引。

(二) 构建外国人聚集区内的语言服务体系

语言服务缺失所导致的"语言真空"会引起经济损失和各类安全问题。② 通过对韩国人聚集区内语言使用状况与语言服务需求的分析可知,各行业的外语服务水平仍有待提升,本文认为可以从以下几个方面改善该社区内的语言服务现状。

从政府角度来看:第一,已有的"上海市外国专家局"网站可增加韩语版本,实现在政策文件、教育、社会保障等领域信息提供的多语种化。第二,该地区的法律支援中心应设置翻译咨询人员,为韩籍侨民提供法律援助和服务。第三,地方政府可成立呼叫中心并提供韩语咨询热线。例如一位被调查者(女性,45 岁,家庭主

---

① 上海市人民政府网站:《上海市公共场所外国文字使用规定(沪府令 22 号)》,https://www.shanghai.gov.cn/nw32093/20200820/0001-32093_40412.html,2014 年 10 月 10 日。

② 徐大明:《语言服务与语言消费可扩大内需》,《中国社会科学报》2012 年 4 月 23 日 B6 版。

妇）在访谈时曾建议设立类似韩国"120茶山热线"①之类的可以随时打电话寻求翻译服务的咨询机关。此外，还应成立在火灾、救援、急救等紧急情况下可以迅速为外国人提供帮助的应急救援热线，这方面可以借鉴韩国的"Help me 119"②。此外，地方政府还可借鉴日本于2013年发行《"简易日语"手册》③的做法，组织当地语言文字工作者研究并制定地方版的"简易汉语"，并运用于语言服务体系中。第四，在机场建设介绍城市交通、旅游观光等信息的多语服务平台，提供韩文等外文说明，减少国际旅客出入境时的语言障碍。此外，地铁站的自动售票和充值服务应相应增加韩文的触控操作界面，途经韩国人社区的公交线路的语音播报应增加韩语，以方便在沪韩国人。

从社区角度来看：第一，成立社区语言服务站。目前上海已在虹桥、闵行、浦东的国际社区内建立外籍人员服务站，如上海众心社区中心（CCS）。从运营情况来看，这类服务中心的功能偏重于提供交通信息和生活信息，如市区巴士的运营时间和路线、搬迁登记等管理办事处的联系电话、国际学校及补习班的招生信息等，但语言翻译服务功能尚处于附属地位。因此，相关的管理服务站可以尝试分离出独立的语言服务中心，提供实时的口译笔译服务等。同时，应加强对语言服务能力和行为的培训和考核，提高窗口服务行业从业人员准入门槛。第二，组建社区语言服务志愿者团队，定期提供语言培训服务。社区服务中心可联合高校、语言培训机构的人力资源组建语言服务志愿队，为韩籍人员开设汉语培训课，帮助该群体尽快适应并融入城市语言环境，增进中韩居民间的理解。

---

① "120茶山热线"是由首尔市政府运营的综合电话咨询中心。其中的外语专线服务有专人解答外国人在首尔遇到的问题，咨询范围包括生活情报、旅游指南、公共交通、三方口译、预约服务等，目前支持包括中文在内的5国语言。

② 外国人专用"Help me 119"是韩国消防防灾厅于2006年成立的急救业务组。服务时间为24小时，现提供包括中文在内的16国语言。其中的"U-放心手机"专门针对重症患者。患有疾病的外国人可提前申请并登记基本信息。

③ 简易日语的概念由弘前大学社会语言学研究室教授佐藤和之提出，最初目的是用于向外国人提供救灾信息。

（三）积极推动国际社区内的中文传播

当前在拓展国际中文教育海外空间的同时，在华外籍人员也应成为汉语作为第二语言教学的重要对象。因此，第一，可以考虑试行"在华定居外国人中文教育项目"等，使在华生活的外国侨民及时掌握日常生活所必须的汉语能力，推动国际中文教育的可持续发展。第二，可以考虑构建中文教育数字化平台，利用互联网平台整合国内中文教学的相关资源，及时提供给有需要的在华外国侨民。第三，通过服务平台收集社区外国人的汉语学习需求情况，引导高校、企业、社会组织、语言培训机构等参与到社区汉语教学培训工作中来，注重汉语教学内容与形式的在地性，帮助外籍人士了解城市特点，解决日常生活中遇到的实际语言问题，增强外籍人员对所在城市的认同度和融合度。第四，可以整合现有的汉语学习资源，制作在线汉语教学课程等，通过微信公众号等新媒体社交平台定期发布汉语学习与培训的信息，助推国际社区内的汉语传播。

友好的语言环境和语言服务不仅能吸引更多的来华外国人，更能促进不同族群间的互惠性理解，减少跨文化交际时出现的误读与冲突，进而构建多元文化大都市的形象。我们认为，随着语言服务意识的提高，国际社区内的语言景观会朝着多元化的方向发展，语言服务行业也会日趋完善。我们相信，随着国家"推动全面开放新格局"战略的推进，基于国际社区的语言服务和语言规划研究将会吸引更多学者的关注。

第三节 古北国际社区的多语景观及语言规划问题[①]

伴随着全球化的发展，人口跨国迁移已成为趋势，国际移民问

---

① 本节内容曾以《上海市外国人聚居区的多语文化景观及其语言规划问题》为题发表于《都市文化研究》2019 年第 1 期。

题给世界各国带来了许多新挑战,也引发了强烈的争议。随着我国国际化程度的提升,中国正从一个单纯移民输出国向移民输入和输出并重转变,来华外国人规模日益扩大,开始出现定居的趋势,一些国际化大城市已形成一批多语国际社区。跨国人口的高度流动性,各种语码的接触、碰撞乃至重新排列组合,语言和文化的多元空间,打破了传统同质性言语社区的固定形态,多元开放的跨国移民多语社区给城市社会语言现象增添了复杂性。当前,语言景观为研究城市多语现象增添了新的路径,也成为社会语言学的一个热点领域。

一 研究概况

语言景观是指公共空间里包括路牌、广告牌、街名、地名、商店招牌、政府楼宇的公共牌等上面的语言共同构成一个地区或城市地区的语言面貌。[1] 语言景观兼具信息功能和象征功能,可以揭示不同语言及其使用族群的构成、地理边界及使用特点,也反映了其在多语社会中的身份、地位、权势和活力等问题。在多语并存的地区,某种语言在标牌上出现的多寡和突显程度是该语言及其族群在社会生活中价值和重要性的体现,可以反映该区域范围内的语言生存状态和发展趋势。[2]

国外已有不少学者通过语言景观来研究城市移民或少数族群的多语现象。娄佳[3]对华盛顿唐人街语言景观的研究发现,语言景观上的中文只是一种装饰性的设计,它使语言和文化商品化,中文语言景观没有多少实用的信息功能,仅是社区内的一种象征性符号;

---

[1] Landry, Rodrigue and Richard Y. Bourhis, "Linguistic Landscape and Ethnolinguistic Vitality: An Empirical Study", *Journal of Language and Social Psychology*, Vol. 16, No. 1, 1997, pp. 23-49.

[2] 尚国文:《语言景观的语言经济学分析——以新马泰为例》,《语言战略研究》2016年第4期。

[3] Lou Jia Jackie, *The Linguistic Landscape of Chinatown: A Sociolinguistic Ethnography*, Multilingual Matters, 2016.

马利诺斯基研究美国旧金山两个韩裔社区日益增多的韩语标识所引发的争议及其背后的语言意识形态，发现韩裔店主是有意识地使用韩语来突显身份特征，从而在情感层面获取客户，但这些标识不完全是个体所塑造的，其形成还受到历史、文化、阅读习惯以及技术等多方面的影响；[1] 特洛耶等人调查美国俄勒冈一个拉美裔移民聚居小镇的语言景观，发现西班牙语在当地语言景观的可见度很低，研究认为对非法移民持消极态度的主流政治氛围以及对拉美裔移民的刻板印象，抑制了西班牙语标识的张贴，这些移民自己也不愿引起他人对自身种族身份和语言偏好的关注。[2] 目前国内对城市语言文化景观的研究才刚起步，对于外国人聚居的国际社区语言景观的研究更少，已有研究也主要局限于对北京和上海的"韩国城"或广州"非洲街"的研究，对于更为异质、多元和开放的多国侨民聚居的国际社区语言景观缺乏关注。本节试图通过调查上海多国侨民聚居的古北国际社区语言景观，探讨以下几个问题：在上海古北国际社区，语言景观呈现何种特征？这些语言景观反映了何种语言意识、语言权势或地位关系？语言文化景观的背后是否存在语言规划的问题？

20世纪90年代，上海建设形成了当时规模最大的涉外高标准住宅综合区"古北新区"。当时绝大部分在沪外国人都居住在此，并以日本人和美国人的比重最大。但自从2003年上海解除了对外国人居住地的限制后，此前新区一直处于混居形态的各国籍外国人，开始呈现出居住分离的倾向，欧美人士开始外迁，古北新区逐渐成为了以日本人、韩国人为主的外国人混居型聚居区，同时也成

---

[1] Malinowski David, "Authorship in the Linguistic Landscape: A Multimodal-Performative View" in Elana Shohamy and Durk Gorter, eds. *Linguistic Landscape: Expanding the Scenery*, New York: Routledge, 2009, pp. 107 – 125.

[2] Troyer A. Robert, Cáceda Carmen, and Eguíbar Patricia Giménez, "Unseen Spanish in Small-Town America: a Minority Language in the Linguistic Landscape" in Rani Rubdy and Selim Ben Said, eds. *Conflict, Exclusion and Dissent in the Linguistic Landscape*, Palgrave Macmillan UK, 2015, pp. 52 – 76.

为上海规模最大的日本人集中居住区。① 目前新区实有居民 33000 余人中，仍有来自 50 个国家和地区的境外人士近 19000 人，约占居住人数的 57%，主要来自日本、韩国、东南亚国家以及我国港台地区。

　　本研究以古北国际社区语言文化景观为研究对象，主要采用数码相机拍照等方法，在 2017 年 10 至 11 月对社区内主要街道（黄金城道、荣华东道、水城南路、古北路）周围可视范围内的语言标牌进行实地搜集。整理过程中以每一个有明显边框的语言标牌作为一个计算单位，共搜集到 549 块语言标牌。然后按照每个标牌上的语言种类、语码类型、优势语码、标牌主体、标牌功能、场所性质、多语标牌信息类型等特征进行编码。编码结束后运用社会统计分析软件 SPSS 23.0 对各类标牌的数量及所占比重进行统计并加以分析。

　　此外，我们还走访古北市民中心和一些店铺，对工作人员和店家进行访谈，对居住在古北国际社区的日本人做了问卷调查，以获得对古北国际社区语言生活的完整认识。

二　古北国际社区的多语景观状况

（一）语言景观的可见度

　　在古北新区搜集到的 549 块语言标牌中，单语标牌有 198 例，占样本的 36.1%；双语标牌 256 例，占比 46.6%；三语标牌 75 例，占比 13.7%；四语标牌 20 例，占 3.6%。双语和多语标牌的比重达到了 63.9%，80% 的语言标牌上出现了外文。在有 50 多个国家地区外籍人士居住的跨国社区，多语生活已成为其最为重要的特征。各类标牌的语言类型也丰富而多样，其中汉英双语标牌数量最多，占样本的 31.3%；其次是汉语单语标牌，占 20.0%；位居第三的是英语单语标牌，占 9.3%；余下依次为汉英日三语标牌

---

① 周雯婷、刘云刚：《上海古北地区日本人聚居区族裔经济的形成特征》，《地理研究》2015 年第 11 期。

(8.9%)、汉日双语标牌（6.4%）、日语单语标牌（4.9%）、汉韩双语标牌（3.6%）、汉英日韩四语标牌（3.6%）、英日双语标牌（2.2%）、韩语单语标牌（1.5%）、汉日韩三语标牌（1.3%）等共20余类（具体见表3-6）。古北社区的多语景观无疑反映了当地社区语言生态的多元性。

古北国际社区的语言标牌上累计使用了汉语、英语、日语、韩语、法语、意大利语等6种语言，其中汉语的出现频率最高，汉语存在于79.8%的语言标识上，余下依次分别是英语（60.7%）、日语（27.5%）、韩语（14.6%）、法语（1.6%）和意大利语（0.7%）。汉语显然是古北社区语言景观中的主导语言，英语也是社区语言景观中最为常见的外语，而日语和韩国语凭借社区里居住的大量日籍和韩国籍人士，其在社区语言景观中也占有不小的比例，而其他外语在社区语言生活中则显得微不足道。

（二）官方和民间语言景观的异同

为进一步分析古北社区的多语景观，探讨官方的语言意识与当地民众的语言实践之间的异同，研究根据标牌的设立主体，将标牌分为官方标牌和非官方标牌。搜集到的官方标牌共50例，非官方标牌共499例。官方标牌的语言形式相对简单，数量最多的是汉英双语标牌（66%），其次是汉语单语标牌（30%），汉日韩三语标牌仅2例（4.0%）。非官方标牌除了有大量的汉英双语标牌（27.9%）、汉语单语标牌（19.0%）外，还有英文单语标牌（10.2%）、汉英日三语标牌（9.8%）、汉日双语标牌（7.0%）、日语单语标牌（5.4%）、汉英日韩四语标牌（4.0%）、汉韩双语标牌（4.0%）、汉英韩三语标牌（3.4%）等20余种语言标牌。休伯纳认为，官方语言标识反映了国家的显性语言政策，在某种意义上也是地位和权力的象征，而私人语言标识则是社区隐性语言政策的表现，可以显示当地社区成员的草根文化认同，两者共同提供了一扇了解社区内部权力关系的窗口。[①] 在我们

---

① Huebner Thom, "Bangkok's Linguistic Landscapes: Environmental Print, Codemixing and Language Change", *International Journal of Multilingualism*, Vol. 3, No. 1, 2006, pp. 31–51.

都市语言生活：上海视角

表3-6 不同主体所设标牌的语言使用情况

		汉语	英语	韩语	日语	法语	汉/英	汉/法	汉/日	汉/韩	汉/意	汉/英/日	汉/英/韩	英/韩	英/意	英/法	日/韩	汉/英/日	汉/英/韩	汉/日/韩	汉/英/法	汉/英/日/韩	总计
官方	数量（例）	15					33													2			50
	比例（%）	30.0					66.0													4.0			100
民间	数量（例）	95	51	8	27	2	139	3	35	20	3	12	7	1	2	1	49	17	5	2	20	499
	比例（%）	19.0	10.2	1.6	5.4	0.4	27.9	0.6	7.0	4.0	0.6	2.4	1.4	0.2	0.4	0.2	9.8	3.4	1.0	0.4	4.0	100
合计	数量（例）	110	51	8	27	2	172	3	35	20	3	12	7	1	2	1	49	17	7	2	20	549
	比例（%）	20.0	9.3	1.5	4.9	0.4	31.3	0.5	6.4	3.6	0.5	2.2	1.3	0.2	0.4	0.2	8.9	3.1	1.3	0.4	3.6	100

调查过程中发现，没有一例官方标牌不出现汉语，这体现了管理部门非常明确的汉语官方语言地位意识。英语作为国际通用语言，在官方语言标识中的出现比例高达66.0%，表明当地的管理部门将英语视作为体现城市国际化、服务外籍人员的辅助沟通工具，而拥有当地社区最高外籍人口比例的日语和韩语在官方标识中的出现比例都很低，只有4.0%。政府部门对国际社区非通用外语的功能认识不足，外语服务的意识仍局限于英语服务的狭隘观念上。

非官方标牌的语言多样性要远远高于官方语言标牌，且没有一类非官方语言标牌能在数量上占绝对优势，这反映了国际社区日常语言生态的复杂多样性，同时这种复杂多元的语言景观更多是由个人而非官方主导的行为。

（三）语言景观的突显度——多语标牌上的符号偏好

本节研究以斯科隆在地理符号学中对"符号偏好"（code preference）的定义[①]，通过语言字符的顺序和大小来确定语言标牌上的优势语码。在350例双语和多语标牌中（见表3-7），有62.3%的语言标识是以汉语为优势语码，其中在官方语言标识中以汉语为优势语码的标识更是达到了91.4%的比例。可以说汉语在古北国际社区的语言景观上占据了最为突显的位置。尽管英语出现在了约80.0%的双语和多语标识上，具有较高的能见度，但以英语为优势语码的双语和多语标识仅占16.9%，主要是非官方标牌，其中约三分之二出自英汉双语标识。这表明尽管英语是古北国际社区的常见外语，但其地位更多是辅助性的。相比英语，日语和韩语虽然分别只出现在35.3%和20.5%的双语和多语标牌上，但以日语或韩语为优势语码的双语和多语标牌分别占到10.3%和9.4%，这意味着约三分之一具有日语的双语和多语标牌是以日语为优势语码，半数具有韩语的双语和多语标牌是以韩语为优势语码。日语优势标牌主要出自汉英日三语标牌、日汉和日英双语标牌，韩语优势标牌主

[①] Scollon Ron and Scollon Suzie Wong, *Discourses in Place: Language in the Material World*. London: Routledge, 2003, pp. 116-128.

要出自汉韩双语标牌、汉英韩三语标牌、英韩双语标牌。这说明尽管日语和韩语在古北国际社区语言景观上的能见度不是非常高，但其相对于汉语或英语并不显得弱势，具有一定的突显度。法语和意大利语等其他外语在古北国际社区的能见度和突显度都是极低的。

表3-7　不同主体所设双语和多语标牌的优势语码情况

设立者	数量（例）	优势语码（%）					
		汉语	英语	日语	韩语	法语	意大利语
官方	35	91.4	8.6				
非官方	315	59.0	17.8	11.4	10.5	1.0	0.3
合计	350	62.3	16.9	10.3	9.4	0.9	0.3

（四）双语标牌上的文本信息类型

双语标牌上的文本信息类型，也可以衡量出语码的优先关系和各语码信息功能的强弱。雷伊将多语文本的信息类型分为：复制式多语、片段式多语、重叠式多语以及互补式多语。[①] 根据雷伊的分析框架，我们对256例双语标牌加以归类，上述四种文本信息类型的出现比例依次是：片段式（32.8%）、复制式（31.3%）、互补式（23.4%）和重叠式（12.5%）。官方双语标牌更多是复制式的汉英双语（66.7%），主要出现在路牌、社区名牌以及建筑名牌上，官方所提供的英汉对等信息，意味着标识的阅读者通常只需掌握汉语或英语其中一种语言就能理解大多数官方标牌所要传达的信息，这既体现了管理部门对社区外籍人士有着一定的语言服务意识，同时也表明其更倾向于采用英汉对译的形式来向不懂汉语的外籍人士提供信息。223例非官方双语标牌的信息分布类型相对均匀，按比例大小依次为片段式（33.2%）、互补式（26.5%）、复

[①] Reh Mechthild, "Multilingual Writing: A Reader-Oriented Typology-with Examples from Lira Municipality (Uganda)", *International Journal of the Sociology of Language*, No. 170, 2004, pp. 1-41.

制式（26.0%）和重叠式（14.3%），非官方标识中的互补式和重叠式的标识要显著多于官方，这就意味着非官方标牌会比较多地使用多种外语来显示互补的信息，而标识阅读者也就需要具备多语种能力才能完全理解这些非官方标牌所要传达的信息。汉、英、日、韩等语言在非官方标识上大都具有各自的实用信息功能，单语者难以完全获得标识的文本信息，国际社区民间的语言服务意识和能力也亟待加强。

三 古北多语景观的象征性及其构成原因

古北国际社区的语言景观在某种程度上反映了该跨国侨民社区实际的多语生态。兰德里和布里斯就曾认为语言景观与族群语言活力（Ethnolinguistic Vitality）紧密相关，在多族群共存的社会，"族群语言在现实环境中的呈现状况是该语言活力高低的象征"，[①] 而语言景观上的语言格局又将不同语言之间的权势、地位以及活力"具象化"。很明显，在古北国际社区，汉语在语言景观上的最高可见度和突显度，正是由于国家语言政策法规、制度以及本地人口的支持，使其在社区内成为最通行和地位最高的语言。

英语凭借自身国际通用语言的地位以及中国几十年来的英语教育制度，在古北国际社区同样具有较高的能见度，但其更多是被官方用作建构城市国际化形象以及向外籍人士传递标识信息的工具。在官方意识中英语的地位是辅助性的。民间的各种店铺则利用英语的功用来体现商品的时尚性、国际性和潮流性。在全球化时代，英语"现代、创新、有魅力和高品质"的定位使得英语在商铺标牌中可以发挥其融入时尚与商业潮流的作用，乃至有不少店主设计如 DRAUSO、EASAN 这样具有象征性、装饰性的伪英文来吸引客户。英语在国际社区的活力与全球化时代英语的国际传播密切相关，也是标识创设者"充分理性原则"的结果。

[①] 尚国文、赵守辉：《语言景观的分析维度与理论构建》，《外国语》2014年第6期。

日语和韩语在古北国际社区的高可见度和高突显度主要是体现在民间的语言标识上。大量突显日语或韩语标识的店铺，其店主不少都是日本人或韩国人，其利用自身所熟知日语或韩语标识的信息功能和象征功能，不仅传递信息，标明自身身份认同，还在于获得预设读者日韩侨民的民族集体认同与归属感，以期实现商业利益。不少中国商家也基于"充分理性原则"，在标牌上增添日文或韩文以便向日韩侨民传递商业信息。但事实上并不是所有少数族群语言景观能有如古北国际社区日语和韩语这样高的可见度和突显度的。巫喜丽和战菊曾调查广州"非洲街"语言景观，发现阿拉伯语仅有4%的可见度，[1] 特洛耶等人调查美国某个拉美裔聚居的小镇发现西班牙语的可见度极低，少数族群语言景观消失的背后是主体族群与少数族群之间社会经济地位的不平等、语言文化上的不宽容以及主体族群对少数族群语言在公共领域出现的负面联想和态度。[2] 日语和韩语景观在古北社区的高可见性和突显性，不仅反映了日语和韩语在国际社区的语言活力程度，也折射出社区日裔和韩裔侨民对自身语言文化身份的认同及其社会经济地位。这些具有较高社会经济实力的日籍或韩籍侨民，基于各自的"民族认同"在古北高档小区里形成了各自的"亚社区"，其并没有放弃而是继续保持着各自的语言、文化和习俗，当地社会也对其也有着较高的包容度，于是这也就反映在了古北社区的语言景观上。日语和韩语在古北社区有着不容忽视的地位与认同作用，承载着多重象征意义。此外，尽管古北国际社区还居住着20多个其他国家的外籍人士，但其他语言由于人口规模弱势等因素，在社区里基本处于销声的状态。

---

[1] 巫喜丽、战菊：《全球化背景下广州市"非洲街"语言景观实探》，《外语研究》2017年第2期。

[2] Troyer A. Robert, Cáceda Carmen, and Eguíbar Patricia Giménez, "Unseen Spanish in Small-Town America: a Minority Language in the Linguistic Landscape" in Rani Rubdy and Selim Ben Said, eds. *Conflict, Exclusion and Dissent in the Linguistic Landscape*, Palgrave Macmillan UK, 2015, pp. 52–76.

四 国际社区语言景观中的冲突与排斥

自上而下的语言标识总是体现着政府的语言政策取向或意识。从古北国际社区官方语言景观中,可以看出官方语言意识呈现出明显的"汉语—英语—其他外语"的基本层级模式。官方所提供的信息主要也是英汉对译的形式。但民间自下而上的语言景观却显示,除了汉语处于占主导地位的第一层级以外,英语虽然可见度高,但在突显度和语码地位上并没有较日语和韩语有多少优势,英语、日语和韩语都是古北国际社区的重要外语,其他外语则处于弱势的层级。官方语言意识与民间语言实践并不完全一致。本研究与巫喜丽和战菊研究广州非洲人聚居区得出官方标牌与非官方标牌呈现出一致的多语层级关系的结论明显不同,这意味着我国不同类型的外国人社区有着各自不同的语言地位关系,值得细究。官方语言意识中对社区非英语外语的忽视,也意味着国际社区外语服务中对象国语言服务的缺失。我们在古北市民中心的"古北境外人员服务站""境外人员临时住宿登记点"的调查也印证了这一点,需要外籍人士填写的各类授权书、导引标识等都只有中英文。李宇明曾指出公共服务应该使用服务对象所习用的语言文字,[①] 不少学者也提出有关部门应重视外国人社区的外语服务,外语服务的质量在某种程度上会影响外侨的生活质量乃至国家安全。[②] 国际社区的语言规划应该考虑根据当地外籍人口结构规模,鼓励企业、组织和政府部门合理增加反映当地语言人口结构的非通用外语的标识和服务,包容性的语言政策将有助于减少外籍人士的语言交际困难。

国际社区语言规划的问题还在于官方语言意识特别是国家语言文字法规的规定与国际社区实际语言实践的矛盾。《国家通用语言文字法》第十四条曾明确规定:"公共场所的设施用字""招牌、广告用字"和"企业事业组织名称""应当以国家通用语言文字为

[①] 李宇明:《语言功能规划刍议》,《语言文字应用》2008年第1期。
[②] 束定芳:《中国外语战略研究》,上海外语教育出版社2012年版,第185页。

基本的用语用字。"《上海市公共场所外国文字使用规定》也明确规定："公共场所的招牌、告示牌、标志牌等禁止单独使用外国文字"（第七条），"公共场所的标牌、设施上有广告内容且同时使用规范汉字和外国文字的，应当以规范汉字为主、外国文字为辅"（第八条）。但事实上除了官方标牌严格遵循这些规定以外，国际社区民间标牌的语言使用有很大的自由度，外文单语标牌和以外文为主体的多语标牌不在少数。这些语言标识往往还体现着外籍人士的身份认同。当前我国语言文字法规仍主要是引导指引性质的"软法"，难以有效处置这些问题。如何在尊重国际社区民众语言选择的权利，不激起中外矛盾的情况下，做好科学的社区语言规划方案，有效引导国际社区语言文字使用的合理化和规范化是值得深思的问题。

古北国际社区纷繁复杂的语言景观背后还有着不同族群之间复杂的族际关系。日裔和韩裔侨民在古北国际社区是人口规模最大的两个外裔族群，日语和韩语在非官方语言标识上的出现比例也分别达到29.8%和15.6%，但日语和韩语共现的非官方标牌仅占约5.0%，而且这些标牌基本上都是由中国商家所设，日籍和韩籍店家都排斥了对方语言标识的存在，语言景观上的"语言隔离"现象折射出共同生活在国际社区里的两个外裔族群之间复杂微妙的关系。相对于已往研究较为同质化的"韩国城""非洲街"语言景观相比，古北国际社区语言文化景观背后复杂的族际关系，大幅提高了国际社区语言规划的难度。

国际社区的多语景观承载着多重的象征意义，既传达着多语言多文化多样性的信息，也是外国旅居者的民族身份认同的象征。跨国社区多语文化景观的背后，除了存在官方语言意识与民间实践的不协调以外，还有着复杂微妙的族际关系，这是多国侨民社区语言文化景观最为独特的地方。

随着我国全面对外开放格局的推动形成，国内大城市外籍人口势必日益增多，国际社区乃至城市主管部门都有必要站在国家全面对外开放的战略高度做好国际社区的语言规划工作，厘清国家通用语言普通话与国际通用语言英语、社区其他外语之间的关系，明确不同语言在国际社区不同层面的使用范围、优先次序，合理应对国际社区不同人群的语言需求，实现国际社区的语言生态平衡和语言生活的和谐稳定发展。

第四节　疫情防控下的城市涉外语言治理能力[①]

新冠肺炎疫情对个人、城市、国家乃至世界都造成了深远的影响，同时也给国家和城市的治理能力与治理水平提出了考验。另外随着我国全方位开放新格局的构建和"一带一路"倡议的深入推进，国内不少大城市吸引了大批外国人来华工作和生活，使城市语言生活的涉外因素明显增加。来华外国人的大流动和多来源的复杂现实对城市语言治理提出更为严峻的挑战。对标党的十九届四中全会所提出的国家治理体系和治理能力现代化的要求，我国语言学界的众多专家学者自觉站在时代前沿，从国家语言治理、应急语言能力等角度展开学理思考，彰显了我国语言学人的问题意识和家国情怀。[②] 但目前学界从城市层面思考涉外语言治理问题仍显不足。有学者指出"城市治理既是理念也是实践"，[③] 在 2020 年初疫情防控工作中对涉外语言事务的应对与处理，是城市涉外语言治理的重要实践，在实践中获得的经验与教训值得总结与反思，可以为城市涉外语言治理水平的优化，为今后更有效、精准地破解城市涉外语言治理难题，提升城市涉外语

[①] 本节内容曾以《大城市涉外语言治理能力建设方略研究》为题发表于《中国语言战略》2021 年第 2 期。

[②] 李宇明:《语言治理的现实路向》，《云南师范大学学报》（哲学社会科学版）2020 年第 3 期；沈骑、康铭浩:《面向重大突发公共卫生事件的语言治理能力规划》，《新疆师范大学学报》（哲学社会科学版）2020 年第 5 期；王辉:《国家治理视野下的应急语言能力建设》，《语言战略研究》2020 年第 5 期。

[③] 董慧:《面向现代化新征程的城市治理》，《甘肃社会科学》2021 年第 3 期。

言治理能力提供借鉴与经验。

一 研究概况

治理理论兴起于20世纪90年代，现今已成为世界各国政府治理变革的普遍趋势。治理理论认为，治理是一个自上而下和自下而上互动的过程，强调政府与社会通过合作、协商、建立伙伴关系、确立认同和共同的目标等方式来实施对公共事务的管理。① 治理理论以强调多元主体的参与、注重互动与协调的过程为特征。对于语言治理，国内外学者大多将"语言治理"视为实施语言规划的一种过程、途径或手段，② 并将其界定为"政府、社会组织、企事业单位、社区以及个人等多种主体通过平等的合作、对话、协商、沟通等方式，依法对语言事务、语言组织和语言生活进行引导与规范，最终实现公共事务有效处理、公共利益最大化的过程"。③ 其核心要义是在政府的主导下，鼓励多元参与互动，上下协调合作，共同致力于社会语言资源的发展。④

党的十八届三中全会提出"推进国家治理体系和治理能力现代化"的论述，此后语言学学者对语言治理的研究进一步走向系统性和全面性。郭龙生提出了"中国语言治理体系和能力现代化"的理念；⑤ 李宇明系统阐释了语言在全球治理中的重要作用；⑥ 王春辉则全面探讨了语言与国家治理之间的关系；⑦ 沈骑和赵丹通过分析语言规划与全球治理的互动关系，探讨了国家语言能力规划的资源

---

① 徐晓全：《从"管理"到"治理"：治国方略重大转型》，《学习时报》2013年11月18日第3版。
② 郭龙生：《双语教育与中国语言治理现代化》，《双语教育研究》2015年第2期。
③ 王春辉：《论语言与国家治理》，《云南师范大学学报》（哲学社会科学版）2020年第3期。
④ 沈骑、康铭浩：《面向重大突发公共卫生事件的语言治理能力规划》，《新疆师范大学学报》（哲学社会科学版）2020年第5期。
⑤ 郭龙生：《双语教育与中国语言治理现代化》，《双语教育研究》2015年第2期。
⑥ 李宇明：《语言在全球治理中的重要作用》，《外语界》2018年第5期。
⑦ 王春辉：《论语言与国家治理》，《云南师范大学学报》（哲学社会科学版）2020年第3期。

范式。① 新冠疫情的爆发与全球蔓延让学界乃至社会进一步意识到，重大突发事件中的语言治理和应急语言能力对国家和社会治理都有着重要的作用。李宇明提出应建设和提升国家应急语言能力，以满足国家应急行动的语言需求，充分发挥突发公共事件过程中和重建时的语言功能；② 王春辉指出当前国家有设立语言应急机制和预案的紧迫性和必要性；③ 沈骑和康铭浩基于语言治理与语言规划理论，从治理行为体、治理内容与治理过程三个维度构建重大突发公共卫生事件的语言治理能力规划框架；④ 王辉从国家治理的角度提出了提升国家应急语言能力的建设方略。⑤

在全球与国家语言治理研究的推动下，城市语言治理议题也开始引起学界的重视。徐大明最早从城市语言管理视角探讨了城市语言文明建设问题。⑥ 李宇明从城市语言沟通与服务、城市应急语言服务等角度探讨城市语言规划问题，并提出城市语言规划本质上是城市语言能力规划。⑦ 沈骑指出新冠肺炎疫情的爆发使城市语言治理能力不足的问题充分暴露出来，亟待开展城市语言治理体系研究。⑧ 但现有城市语言治理研究较少关注旅居国内大城市的外籍人群，如何有效提升面向国内外籍人群的城市语言治理（以下简称城

---

① 沈骑、赵丹：《全球治理视域下的国家语言能力规划》，《云南师范大学学报》（哲学社会科学版）2020 年第 3 期。

② 李宇明：《语言治理的现实路向》，《云南师范大学学报》（哲学社会科学版）2020 年第 3 期。

③ 王春辉：《论语言与国家治理》，《云南师范大学学报》（哲学社会科学版）2020 年第 3 期。

④ 沈骑、康铭浩：《面向重大突发公共卫生事件的语言治理能力规划》，《新疆师范大学学报》（哲学社会科学版）2020 年第 5 期。

⑤ 王辉：《国家治理视野下的应急语言能力建设》，《语言战略研究》2020 年第 5 期。

⑥ 徐大明：《城市语言管理与城市语言文明建设》，《云南师范大学学报》（哲学社会科学版）2020 年第 3 期；

⑦ 李宇明：《城市语言规划问题》，《同济大学学报》（社会科学版）2021 年第 1 期。

⑧ 沈骑：《中国城市化进程中语言研究的三大取向》，《语言战略研究》2021 年第 3 期。

市涉外语言治理）能力与水平，实现城市语言生活和谐发展与语言治理能力现代化，仍需深入研究。因此，本节试图以2020年初疫情防控事件中城市涉外语言治理实践为分析个案，研究治理实践中的经验、困境与问题，探讨提升城市涉外语言治理能力方略，以期推动我国城市语言治理体系与能力的现代化。

　　本节研究主要通过搜集新冠肺炎疫情爆发之初大城市相关的新闻报道，发放调查问卷以及开展个案访谈等方式来获取研究材料。首先经前期搜索发现除上海以外其他大城市的有关报道都比较少，于是我们将研究重心放在了上海地区，重点搜集了2020年2月至5月期间上海各大新闻媒体、新媒体发布的涉及在华外国人的新闻报道，具体操作步骤为在上海各大媒体网站以"外籍""外国人"为关键词进行全文检索，共检索到新闻报道100多篇，主要来自《新民晚报》《文汇报》、澎湃新闻、政府公众号等。研究人员对这些新闻逐一审核，剔除了重复、与研究主题不相关以及发生地不在上海的新闻，最终得到符合要求的新闻报道69篇。然后运用内容分析法对这些报道展开分析。分析过程中采用NVivo软件对材料进行编码分类。新闻报道共涉及上海市12个区的32个街道/镇，具有一定的代表性。

　　本研究还深入上海市外国人社区，对参与疫情防控工作的社区工作人员和外籍居民进行了半结构化访谈。具体选择了大型国际社区、外籍居民散居的社区等不同类型的3个社区，共有3名工作人员和3名外籍居民接受访谈。访谈时长125分钟，转写成文字1.2万字。另外还设计了调查问卷，通过滚雪球的方式在线调查了98个在沪韩国家庭，了解其获取疫情信息的方式、媒介语言以及自身的语言能力情况等，以弥补上述研究方法的不足。

二　疫情防控下城市涉外语言治理实践的内容与特点

　　城市在疫情防控中应对和处置涉外语言事务，既是城市涉外语言治理的一次重要实践，也反映出其治理理念。以下通过对所搜集到材料的整理与分析,首先归纳总结出此次涉外语言治理的主要内容、特点以及所存在的问题与困境。

(一)多语种翻译防疫宣传材料

从材料来看,有近一半的新闻(32篇)报道了政府部门、社会组织、基层社区乃至中外居民个人在涉外社区主动开展工作,将疫情防控所需的中文登记表、承诺书、告知书、健康提示、手册、通知等材料翻译成英、日、韩、法、意等多语种版本,提供给当地社区的外籍人士,如(浦东碧云国际社区)统一设置中、英、日、韩、意等语言的"来沪人员登记处",统一张贴原创设计的多语种"防疫健康提示""居民温馨提示"等宣传版面,悬挂多语种宣传横幅与海报,并通过邮件、微信公众号等多渠道推送居家防护科普绘本、防疫电子手册等(澎湃新闻,2020-03-15)。平日积极参与社区事务的"洋议事员"戴维·波特,主动担任了"防控疫情告知书"的翻译工作。他反复研读中文版,将其迅速译成英文版,张贴在社区醒目处(澎湃新闻,2020-03-19)。

(二)抽调具有外语能力的工作人员

面对疫情防控中外籍人士的语言需求,有16篇新闻报道了政府部门紧急抽调具有外语专长的工作人员支援涉外社区、机场等一线疫情防控工作,例如,由于杨浦区的工作人员熟练掌握韩语,被市应急局临时抽调帮助闵行、长宁、黄浦等区在虹桥机场进行翻译,向韩国旅客提供帮助、解释政策、安抚情绪,提高登记效率(澎湃新闻,2020-03-09);闵行分局出入境管理办公室的民警李正一精通朝鲜语,在这次疫情防控工作中被抽调至虹桥龙柏派出所支援涉外疫情防控工作(澎湃新闻,2020-03-12)。

(三)多渠道向社会招募外语志愿者

面对涉外疫情防控工作中外语人才的严重匮乏,向社会多方招募外语翻译志愿者成为政府部门解决与外籍人士沟通问题的重要手段。材料中共计有27篇新闻报道了政府部门、社会团体、基层社区组织等通过高校、国际学校、商会、企事业单位、社区等各种渠道向社会动员招募外语志愿者，许多具有外语专长的个人也主动报名参加志愿者工作，例如，（杨浦区）延吉新村街道等多个街道都广泛发动社区资源，特别是联络辖区内高校和党建联建高校等单位，发动掌握英语、日语、韩语等国语言的大学生加入志愿者队伍（《新民晚报》，2020-03-15）；上海市文旅局和东方国际（集团）有限公司积极支援机场口岸翻译工作，连夜组织了30余人的小语种翻译队伍，涉及日语、韩语、意大利等紧缺的小语种（上海发布公众号，2020-03-10）。一些中文较好的外籍居民在社区健康观察期满后也积极申请加入志愿者队伍，以行动回馈社区的关爱（澎湃新闻，2020-03-06）。

（四）建设多语信息发布与服务平台

为了向外籍人员传递疫情防控信息，协助解决其遇到的生活难题，政府部门积极搭建了多语信息发布与服务平台，例如上海市外办在官方网站上开通了疫情防控信息多语种发布专栏，用中、英、法、日、韩5种语言发布本市新冠肺炎疫情防控新闻发布会内容，并通报最新疫情防控动态及防护提示；上海市外办还与信访办合作，利用12345热线平台和硬件设施，开通启用外籍人士24小时疫情防控咨询求助电话，针对疫情防控方面的常见问题，提供多种语言咨询服务，服务语言涵盖英、日、韩、法、德、西、俄等七种语言，随时做好远程在线翻译支持。一些基层组织、社会团体以及中外人士也通过各类社交平台发布多语信息，提供多语服务，例如，日籍志愿者清水泰雅把常见的问题、生活小贴士等整理成一本指南，加注上日语标注，并且不断更新完善，每次有新成员入群（社区居家隔离微信群），他都会发一份（《新民晚报》，2020-03-23）。

（五）利用现代翻译科技助力涉外语言服务

新闻报道还显示，基层工作人员在外语能力不足的情况下常常借助现代翻译科技实现与外籍人士沟通，提供即时、便捷、高效和精准的语言服务，例如，长宁区虹桥街道借助科大讯飞外呼系统、在线翻译APP、外语翻译机等智能化手段加强沟通效率（澎湃新闻，2020-03-03）；（天山社区）借助翻译软件完成测温、登记、居家隔离指导以及每日两次上门医学观察工作（澎湃新闻，2020-03-15）。但新闻报道和访谈材料也显示，社区工作人员"虽然借助了翻译工具，还是会有一些词不达意"（《新民晚报》，2020-03-23）的问题。

（六）治理实践的特点

由此可以看出，城市涉外语言治理表现以下几个特点：

一是参与治理的主体多元，除了政府部门以外，社会组织、社会团体、企业、学校、媒体、个人等也主动参与其中，治理实践是这些主体之间相互协作、多方构建的结果。

二是治理路向既有政府部门自上而下的引导、实施与管理，也有自下而上的基层和个体的主动参与和推动。

三是治理实践是由基层或底层出现中外沟通问题，即无法应对和满足现实多语需求所产生的，属于"问题导向"的应用型治理，着力解决现实的应急沟通问题。

四是治理所采取的手段相对有限，主要是临时性的命令、动员等，缺少制度建设、能力建设，暴露出许多问题，下面进一步加以论述。

三 城市涉外语言治理的问题与困境

（一）城市对多语资源的掌控能力严重不足

研究显示，城市的政府部门尤其是基层社区组织在应对涉外突发公共事件时普遍表现出对多语资源掌控能力的严重不足。语言治理中的掌控能力，是指对语言人才资源全面掌握及调动语言资源服务需求的速度和准确性。[1] 问题主要表现为以下三个方面：首先是在涉外单位或岗位上的工作人员普遍缺乏良好的多语言能力，或者说具备多语种沟通能力的人手极为短缺。例如"上海发布"报道：

---

[1] 文秋芳、张天伟：《国家语言能力理论体系构建研究》，北京大学出版社2018年版，第26页。

"陈怡已经在市政府外事办公室工作了近12年，疫情发生后，陈怡就一直在忙于沟通中韩捐助的事情，在过去的两天里，她是浦东机场三个航站楼内唯一一名韩语翻译"（上海发布公众号，2020-03-10）；《新民晚报》报道："松江区中山街道辖区内临时和常住的境外人士1600余人。在防输入的紧要阶段，'语言问题'首当其中，许多基层单位由于缺乏专业翻译人员，与外籍居民沟通难免'吃力'"（《新民晚报》，2020-03-09）。甚至还有报道在韩国人聚居的国际社区出现社区基层管理人员竟没有人会说韩语的现象。

其次是政府部门所能调动的多语人才类型过于单一。李宇明和王海兰指出，可将语言应急队伍划分为"专业技能+语言"型、"专业语言+技能"型和语言应急服务志愿者三种类型。[1] 但从此次涉外语言治理实践来看，政府部门主要是临时紧急抽调"专业技能+外语"型的工作人员，即将具备外语技能的专业人员临时调配到涉外事务的一线，目前仍缺乏专门的"专业语言+技能"型人才储备。

最后是政府部门在面临语言人才不足时只能通过媒体向社会临时招募外语志愿者，作为国际化大城市却一直未能建设或运行多语人才资源数据库或语言志愿者信息库，这不仅影响了涉外语言治理过程中对多语人才的调配效率和速度，也直接影响今后城市语言治理时对多语人才需求与缺口的研判。

（二）城市多语言意识和语种规划意识明显不足

城市语言能力提升的先决条件是相应的语言意识问题。[2] 但材料显示，不少政府部门、社会组织乃至基层管理人员普遍缺乏多语言意识，将英语等同于国际化，认为在涉外沟通中运用英语便能解决问题，例如澎湃新闻报道某个涉外社区"英语专业毕业的，担负起为居住在小区的韩国人、巴基斯坦人、尼泊尔人讲解进入小区登

---

[1] 李宇明、王海兰：《粤港澳大湾区的四大基本语言建设》，《语言战略研究》2020年第1期。

[2] 徐大明：《城市语言管理与城市语言文明建设》，《云南师范大学学报》（哲学社会科学版）2020年第3期。

记流程、介绍居委服务的重任"（澎湃新闻，2020-03-12）；疫情期间上海市商务委为落实对外资企业的服务工作，将若干政策措施"第一时间组织翻译并发布了英文版和日文版"（澎湃新闻，2020-02-22）。但根据《中国商务年鉴 2019》，投资上海的外商除了来自英语国家和日本以外，主要还来自德国、法国、荷兰和韩国等国，其对翻译语种的选择仍需斟酌。

从社会需求来看，根据《上海统计年鉴 2019》数据，在沪外国常住人口数量位居前五位的来源国依次为日本、美国、韩国、法国和德国。本文在分析 69 篇新闻报道中的多语服务情况时，对具体语种的出现频次进行了统计（重复或仅出现"外语"一词的均不计算在内），结果显示英语共出现 33 次，日语出现 28 次，韩语 27 次，意大利语 7 次，俄语 4 次，德语、法语和西班牙语均只出现 3 次。英语出现频次最高，其次是日语和韩语，其他语种的出现频次极低。语言服务的语种设置情况与城市外籍人口来源构成情况并不一致，法语和德语服务明显偏少。外语语种结构的失衡，反映出城市语种规划意识和多语言意识的明显不足。

（三）政府的多语话语缺乏传播力和影响力

此次实践还反映出政府的多语话语缺乏传播力和影响力的问题。尽管政府和一些社会组织建设了多语信息发布平台，但我们搜集到的材料显示，不少外籍人士对于中国政府和社会组织所提供的多语信息渠道并不知晓或并不关注，其获取信息的渠道主要还是来自其母国，例如澎湃新闻报道：来自德国的 Raphael 希望掌握更多关于疫情的真实信息，"网上有太多的假新闻，对于一个在上海生活，但中文不够好的外国人来说，不知道从哪里看真实的新闻。现在我只能看看德国的媒体"。[①] 本研究在对上海韩籍旅居家庭的调查结果同样显示，尽管在沪韩籍居民获取疫情信息的渠道比较多元

---

① 陈伊萍、臧鸣：《在沪外籍人士的防疫抗疫：上海对疫情管控很严，相信上海政府》，澎湃新闻，2020-02-03，https：//www.thepaper.cn/news Detail_forward_5737777。

化，但很少有人是通过中国政府提供的信息平台或社区通告来获取疫情消息的，并且被调查家庭所获取的信息媒介主要是韩语的，只有35%的被调查家庭表示会关注中文消息。因此，在城市涉外语言治理过程中，亟须重视话语传播规划，提高城市多语话语的影响力与传播力。

（四）城市涉外语言治理体制机制不健全

当前我国大城市的涉外语言治理体制机制仍不健全。首先，缺乏涉外语言问题的解决机制预案以及资源配置的机制预案等。例如有新闻报道志愿者遇到"许多专业词语没有正式外文翻译，字典里也查不到，"只好自己"天天浏览大量的意大利当地新闻，整理了一份'新冠病毒意大利词汇表'"①（上海发布公众号，2020-03-10）。新闻报道中外语志愿者的组织和动员工作也是由各街道社区自发开展。大量的涉外语言问题多是依靠个人或基层组织自身的力量去解决，没有专门的部门或机构提前规划或能及时提供解决方案。

其次，当遇到涉外语言问题需要及时响应时，治理机制出现缺少统一、协同、高效、有序的问题。例如政府各部门的多语信息发布平台大都是自行负责，缺少与语言文字部门或组织的沟通合作；各街道社区宣传材料的翻译工作以及志愿者的动员工作等，也是各自行动，组织无序。不同部门、机构和组织之间缺少合作与协同，缺少立足于城市全局的应对机制，导致大量重复低效的劳动。在资源配置过程中还出现了分配不均等问题，访谈中发现在外籍人员相对集中的国际社区，能较多地获得上级政府部门的支持，获得语言志愿者和翻译设备的调配，而在外籍人员散居的社区则面临着更多的难题"疫情发生前，与社区外籍居民并没有太多的沟通"，"疫情发生后，涉外工作突然增多，但在语言方面，上级部门几乎没有为社区提供语言方面的帮助"（访谈材料，2020-05-10）。

城市涉外语言事务涉及了多个领域和层面，但目前各部门组织

---

① 上海发布：《外国人入沪如何沟通自如？上海机场里有这么一群小语种"传声筒"》，澎湃新闻，2020-03-10，https://m.thepaper.cn/baijiahao_6438483。

自行管理，缺乏立足整个城市层面的协调机制，也没有出台城市涉外语言治理与服务政策、规划或方案，城市涉外语言治理的执行力也就无从谈起。当前亟须加强大城市涉外语言治理能力建设，尽快形成有效的城市涉外语言治理体系。

四 城市涉外语言治理能力建设

（一）语言本体规划建设

语言本体规划是语言治理规划中的基础性工作，[①] 可以为社会提供具有高标准化水平的交际语言体系，从而更好地推动社会的沟通与交际。在语情复杂的大城市，涉外语言治理首先应重视语言本体规划。此次涉外防疫中公共卫生等领域的专业术语译写缺乏标准化和规范化，"简明汉语"缺位等，均在不同程度上增加了外籍人士对疫情防控工作的理解难度，而这些皆属涉外语言治理中的语言本体规划范畴。语言的规范化和标准化是语言本体规划的最主要内容。[②] 在大城市涉外语言治理的本体规划工作中，首先应重视医疗卫生、交通出行、金融商业等公共服务领域专业术语、专名等译写的规范化和标准化，以准确提供语言信息，减少中外沟通的困难和障碍，提高交际效率。

其次相较于美国、日本等国在灾害应急语言服务中创设"简明英语""简明日语"，以便于为外国人提供灾害应急援助，我国在新冠肺炎疫情发生之后，才有北京语言大学等高校研制的《疫情防控"简明汉语"》上线，及时为抗疫提供了应急语言服务。[③] 简明汉语能大幅提高外籍人士对城市各类信息的理解程度，并能缓解要在短时间向城市所有外籍人士提供多语服务的急迫性。因此，研制符合外籍居民在我国城市生活所需的简明汉语，是今后涉外语言治

[①] 沈骑、康铭浩：《面向重大突发公共卫生事件的语言治理能力规划》，《新疆师范大学学报》（哲学社会科学版）2020年第5期。

[②] 陈章太：《语言规划概论》，商务印书馆2015年版，第11页。

[③] 汲传波、李宇明：《〈疫情防控"简明汉语"〉的研制及其若干思考》，《世界汉语教学》第3期。

理中本体语言规划所应有的任务。简明汉语的研制不仅要解决字、词、语法的简化标准问题,更需要根据外籍居民普遍的汉语熟练程度、日常生活所需的话题和场合来设计。

（二）语言地位规划建设

城市涉外语言治理下的语言地位规划主要涉及语言功能规划和语种规划两个方面。语言功能规划的主要任务是规划各功能层次的语言作用。[①] 涉外语言治理下的语言功能规划,即是要明确不同外语语种在城市外籍居民所需的公共服务、大众传媒、公共交际乃至日常交际等不同层次的作用与地位。"公共服务应该使用服务对象所习用的语言文字"。[②] 但从此次涉外语言治理实践来看,无论是公共服务、大众传媒,还是公共交际,城市涉外语言功能规划与现实需求存在较大差距。从新闻报道和访谈结果可以看出,对在华外籍人士来说,困难不仅在于及时理解中文疫情信息,更在于医疗、交通、行政、教育以及日常生活等领域的信息与疫情相叠加之后,对外籍人士的理解造成了巨大的困难。这反映出当前我国大城市在涉外语言功能规划方面做得严重不足。因此,城市涉外语言功能规划必须重视外语在公共服务、大众传媒、公共交际等层次的地位与作用,鼓励涉外领域的外语使用以提高交际效率,消除外籍居民的焦虑和困惑,构建多语共生互补、各得其用、各展其长的城市多语生活。

语种规划方面,需要根据城市外籍居民数量和国别情况,确定语言治理和服务中的外语语种设置。例如在日韩侨民聚居的国际社区,社区内的政府和公共服务部门应根据实际语种需求,配备具有日语、韩语等语种能力的工作人员,在行政、医疗、交通、司法等领域提供相应语种的信息发布、标识指引和语言服务,建立对应的多语种翻译服务体系。

（三）语言习得规划建设

语言习得规划对于城市涉外语言治理具有未雨绸缪的价值与意

---

① 李宇明:《语言功能规划刍议》,《语言文字应用》2008 年第 1 期。
② 李宇明:《语言功能规划刍议》,《语言文字应用》2008 年第 1 期。

义。在涉外防疫中"专业技能+外语"型的工作人员和语言志愿者在语言服务方面发挥了重要作用，但"专业语言+技能"型人才严重缺位。因此，城市涉外语言习得规划可从以下几个方面入手：一是在城市涉外医疗、司法、警务、行政、社会工作等领域专业人才的培养过程中进一步加强外语培训，着力培养"专业技能+外语"型的人才，以备不时之需；二是探索"专业语言+技能"型人才的培养，国际化城市所在高校应考虑在语言类人才培养过程中探索"语言+"即"专业语言+技能"复合型人才的培养，此外还可优先考虑设立语言服务或语言管理类专业；三是充分利用和发挥现有语言人才资源，建立城市语言人才资源库，重视向各类志愿者提供语言能力培训，以便在关键时刻迅速找到合适的语言志愿者，提高涉外语言服务的速度与效率。

城市涉外语言习得规划的对象还应包括在大城市居留的外籍人员。当前我国城市外籍居民的汉语能力普遍不高。相较于西方国家在外国人居留、入籍等议题上设置一定的语言能力、语言培训的法律要求，我国在这一方面仍未展开。在目前还缺乏国家顶层设计的情况下，国际化城市可先行调研外籍居民的汉语学习需求，利用高校、教育培训机构、志愿者等社会资源，搭建在华外籍人士的中文学习平台，提供多元化、个性化的中文学习方式，推动其中文能力的提高以加快融入中国社会。

（四）语言技术规划建设

在当今信息化时代，语言技术规划在我国城市涉外语言治理中有着重要意义。但新闻报道仍显示语言翻译科技目前仍存在缺乏精准性、专业性等方面的问题。今后应更加重视现代科技手段在城市涉外语言治理中的开发与应用，积极利用互联网、人工智能、语音识别、大数据、物联网等技术提升涉外语言服务的精准性、便捷性和高效性，鼓励企业、高校、社会组织、政府部门携手开发实时、智能的多语种翻译技术，建立城市多语种信息翻译服务平台等，探索现代科技在城市涉外语言治理中的应用价值和运用方式。

(五) 涉外话语规划建设

城市对外话语传播能力是城市语言治理能力建设的重要目标，也关乎城市国际化与对外开放的定位和水平。目前我国城市对在华外国人的话语传播能力较为薄弱，当地政府和社会组织机构运用外语发布多语信息的影响力和传播力有限，外籍居民也较少关注当地政府发布的多语信息，我国城市对外话语权明显不足。这就需要我国城市在对外话语传播过程中重视话语规划，一方面鼓励在城市外籍人士群体中有影响力的社交媒体、社会组织、专家学者、社会热心人士等搭建沟通平台，将政府话语以外籍人士易于接受理解的方式有效传播；另一方面政府部门也需积极提升自身话语构建能力、运用能力和传播能力，建设、推广和利用多语信息发布和服务平台，增强运用多语讲好中国故事的能力。

随着我国全方位开放新格局的构建，外国人持续流入我国大城市，城市涉外语言治理的重要性日益凸显。2020年10月召开的全国语言文字会议也强调要推进语言文字工作治理体系和治理能力现代化。城市语言治理是实现国家语言治理能力现代化的关键环节。只有加强城市涉外语言治理的能力建设与制度建设，出台具有战略性、系统性和可操作性的城市涉外语言治理政策，形成有效的城市涉外语言治理体系，才能有效提升在华外国人的语言服务质量，为推动形成全面开放新格局和国家治理体系和治理能力现代化的要求贡献出语言学的智慧与力量。

启示与建议

当前我国城市发展进入了全面深化的关键时期,城市的建设以及未来发展都需要有语言规划方面的支撑和保障。城市语言规划初步可以有以下几个方面的考虑。

一 树立科学的城市语言规划理念

一是树立语言资源观。将语言作为资源是鲁伊兹(Richard Ruíz)所提出的影响语言规划的三种取向之一。[1] 语言本身就具有价值和认同功能,李宇明也曾指出,"若把语言看作资源,看作人类重要的社会资源、文化资源乃至经济资源,便会着力保护和开发利用这种资源,尽力维护语言的多样性,努力挽救濒危语言"。[2] 城市生活中的多语多言不仅仅是问题,也是财富和资源。在当前社会日益纷繁复杂的发展进程中,无论是城市自身发展,还是城市中每个人的发展,单言单语显然不可能满足其现实和未来的发展需要,普通话、方言、外语都是其不可或缺的语言资源。城市里每个

---

[1] Ruíz Richard, "Orientations in Language Planning", *NABE Journal*, Vol. 8, No. 2, 1984, pp. 15 – 34.

[2] 李宇明:《2007年中国语言生活状况述要》,《世界汉语教学》2008年第3期。

人都需要树立语言资源观念,改变传统的"单语单言"意识,珍视语言资源,积极培养多语多言能力,这才是城市语言生活的发展方向,也是解决城市方言传承危机的正确路径。如若能培养好城市青少年一代的普通话、方言和外语的多语多言能力,自然也就缓解了普通话与城市方言之间、汉语与外语之间的紧张关系。语言之间并不是二元对立的,而是有可能实现和谐共存的。这就需要我们树立起语言资源观念,将各种语言或方言视为城市发展的重要资源,视为每个城市个人发展的重要人力资源。在语言资源观基础上才有可能实现多语多言的和谐共存。积极培养城市公民的语言资源观,营造多语多言的城市语言环境应是今后城市语言发展的大方向。

　　二是树立语言生态观。美国斯坦福大学的豪根（Einar Haugen）于1972年最早提出"语言生态"（language ecology）的概念,[1] 将语言环境隐喻类比为生物生态环境,并指出语言与所在族群、社会、文化以及地理环境是相互依存、相互作用的生存发展状态。[2] 城市中的各种语言同样构成着城市的语言生态,协调好城市中各种语言方言间的关系,化解不同语言间的矛盾,自然是城市语言规划的题中之义。在当前的城市化进程中,我们面临着城市方言、语言认同、城市外观语言、城市语言资源的开发与利用、城市语言污染等诸多城市语言生态问题。[3] 要构建良好的城市语言生态,实现城市语言之间的和谐,城市语言规划就需要协调好城市中的各组语言关系（普通话与方言、汉语与外语等）。而要协调好城市中的语言关系,一方面应坚持城市语言生态的多样性,城市语言生活应该兼容并包,实现各语言在城市生活中的和谐并

---

[1] Haugen Einar, "The Ecology of Language", In A. Fill and P. Mühlhäusler, eds. *The Ecolinguistics Reader：Language, Ecology and Environment.* London/New York：Continuum, pp. 57–66.

[2] 范俊军：《语言活力与语言濒危的评估——联合国教科文组织文件〈语言活力与语言濒危〉述评》,《现代外语》2006年第2期。

[3] 王倩、张先亮：《语言生态在新型城镇化生态建设中的地位和作用》,《语言文字应用》2015年第3期。

存共用；另一方面也应考虑城市语言生态自身的系统性，应基于语言功能规划理论，不同语言在城市的不同领域和层面应有符合自身地位的运行方式和管理方式，应明确不同语言在城市不同领域的使用范围、优先发展次序等问题，实现不同语言资源在城市社会生活不同层面的合理配置。良好的城市语言生态应该是主体性与多样化的和谐统一。

三是树立语言服务观。城市语言关系的背后也是各语言使用人群之间的关系。加强城市语言服务，既能有效解决当代城市社会多语使用可能带来的问题，又能较好避免不同社会群体之间的紧张关系，同时也是协调社会认知的有效手段。[①] 当前部分城市语言问题的解决，是需要根据城市公众的需求提供统筹兼顾的社会语言服务来解决的。一方面，城市化进程中外来人口大规模地进入城市，新市民要适应和融入城市生活需要语言方面的指导或培训，前面的研究也发现新市民掌握好普通话和流入地方言将更有助于其融入城市当地社会。因此，城市有关部门需要树立语言服务观，在适当地条件下做好新市民的语言服务与培训工作，促使其融入城市，避免或减少因语言不通引发的社会冲突。另一方面，随着中国逐渐成为全球性大国，与世界各国经济交往的日益密切，城市的国际化程度不断加深，大量外国人开始旅居国内城市。城市外国人群体的语言服务工作也将成为城市语言规划工作的一部分。政府有关部门应考虑有针对性地提供相应的外语服务，尤其是社区性的外语服务，使其适应在中国的生活和工作。目前，一些有识之士已经指出对于国内逐渐形成的外国人集中区，政府应关注社区性的外语服务，外国人集中区的外语服务在一定程度上将影响到外侨的生活质量和国家安全。[②] 此外，城市其他领域的语言服务也有待完善，例如在城市的语言标牌等语言环境建设方面，调查中所发现的城市核心商业圈的

---

① 张民选、张日培：《多样与和谐：上海城市发展中的语言规划构想》，《云南师范大学学报》（哲学社会科学版）2011年第3期。

② 李宇明：《中国外语规划的若干思考》，《外国语》2010年第1期。

路牌标志等外语翻译语种单一仅限于英文，半数信息牌和警示牌仅用中文，应提倡公共信息服务系统的多语服务。还有，尽管目前已出台了一些有关公共场所语言使用的标准规范，但公共场所语言标牌的规范化问题仍然突出，在街名标注上存在两大系统与地方特色，语言标牌上的外文错用、滥用和混用等问题时常发生。总之，城市生活需要建立起语言服务体系，对涉及城市语言服务的各领域或部门应建立一整套语言服务的标准，并加以监督和指导。

二 明确城市语言规划的主要目标和任务

城市语言规划作为中观层面的规划，除了要落实国家宏观层面的语言规划工作以外，由于其直接面向和接触市民的日常生活，因此城市语言规划有着更为丰富的内涵和具体目标，我们认为主要有以下几项。

一是落实国家通用语言文字在城市的主体地位，实现城市各语言并存共用、和谐发展的城市语言生活。城市语言规划同样也是执行国家语言政策，目的也是要形成语言主体性和多样性的和谐统一局面。这其中首要的是要协调好普通话的城市普及与方言资源保护之间的关系，两者本身其实并不对立，要避免部分民众将其片面对立起来。城市的发展和外来人口的适应融入，都需要在城市的公共领域尤其是政府部门、公共服务部门推广普及普通话，但这并不与方言资源保护存在矛盾。树立起市民的语言资源观和多语言观，培养城市公民的多语多言能力将是破解这一问题的重要路径。而这一路径的实现，需要有关部门重视引导鼓励市民开展科学的家庭语言规划，将方言传承和多语能力培养的问题放进家庭语言规划中解决。

二是根据城市不同人群的语言需求，建立城市语言服务体系，为城市公众提供统筹兼顾的社会语言服务。政府可以构建语言服务体系，搭建语言服务平台，引入、引导并监管市场主体或社会组织，面向城市新老市民、流动人口、外国人、语言弱势群体的语言需求提供各种语言培训、语言翻译等各项语言服务，这不仅将缓解因城市语言资源无法满足不同社会主体需求而产生的社会紧张，同时也将促进城市经济的发展。

三是加强城市语言文字管理工作，建立起城市语言文字的治理体系，提升城市整体语言环境。当前各地方政府部门在城市管理工作中涉及语言文字的问题并不少，但由于缺乏统一协调的管理机制，而专门的语言文字部门自身又缺乏执法资源，这导致目前的城市语言文字管理体系较为混乱，政出多门的现象频发，比较明显的如城市不同公共标牌上的语言规范各成体系。当前有必要建立城市语言文字的治理体系，加强不同政府管理部门间的统筹协调，建立职责明确、分工负责的协同工作机制。另外，城市文字治理体系也必须考虑到城市语言生活的不同层级，如高层级的政府部门、大众传媒部门必须严格依法刚性治理，而相对低层级的城市社会服务领域则可以考虑通过"软法"引导发展。因此，根据语言功能规划，在城市的不同领域和层面确定不同的语言治理方式，建立起城市语言文字治理体系是城市语言规划的重要任务。

四是建立城市语言应急管理机制，妥善处置城市生活中各种突发性语言事件等。随着城市化进程的发展，城市中各种意外事故、公共和社会安全危机也层出不穷，尽管语言问题通常不会是主要问题，但各种社会问题常常会以语言问题为导火索而爆发，其背后涉及社会资源分配的社会问题，但都以语言问题的形式爆发出来。城市语言危机会给城市社会的稳定和发展带来极大的负面影响，因此这也是城市语言管理工作者所必须面对的一项艰巨的任务。

三 综合运用城市语言规划的多种手段和途径

要实现上述城市语言规划工作的目标和任务，我们认为应从以下多种途径入手，城市语言管理自身也是一个集多种手段的综合管理。

一是法律手段。法律手段是城市语言管理者通过各种语言文字法律条款行使城市语言管理职能的途径。加强城市语言文字的依法管理，是语言文字事业贯彻落实国家依法治国方略，也是全面推进语言文字治理体系和治理能力现代化的现实需要。目前我国语言文字方面的专门法主要是《国家通用语言文字法》，地方省份也颁布了实施《国家通用语言文字法》的地方政府规章。上海市还于2014年9月颁布了国内首部规范外文使用的省级政府规章《上海市公共场所外国文字使用规定》。但从整体上来看，有关城市语言文字管理的专门立法仍严重缺失，城市语言生活中出现的一系列新问题、新情况仍有待纳入语言文字法律法规的规范之中。当前亟须加强城市语言文字立法工作，完善城市语言文字依法管理体制，填补有关领域的法律空白。利用语言文字的"软法"功能，引导城市语言生活的良性发展。

二是宣传教育手段。城市语言规划的诸多措施是需要市民配合行动才能落实，因此，对市民进行大力宣传和教育是城市语言管理的重要手段之一。如前文所提到的珍视语言资源、培养多语多言能力等一系列新的语言理念，只有通过对市民的宣传和教育，市民才有可能逐步改变传统单语单言的语言意识形态，最终才有可能在语言实践上发生改变。

三是行政手段。行政手段是城市语言管理的基本手段，也是建立城市语言文字治理体系所依托的方式。当前城市用语用字不规范问题较为突出，这就需要依靠有关政府部门运用各种行政手段来对社会公共交际领域的语言文字应用加强执法管理，解决交际领域的语言问题，维护城市形象，推动城市的建设发展。

四是经济手段。在当今时代，充分运用经济调节手段来管理城市语言生活是市场化的客观需要。城市语言服务体系的建立需要政府有关部门的组织、引导和监管，同时更需要引入市场机制，由社会组织机构来提供语言翻译服务、语言培训服务等等，这不仅将使整个城市语言服务体系高效有活力，而且也将推动语言经济的发展。

当前中国的城市化进程使得城市语言生活中的问题日益复杂，这也使得城市语言管理与规划有着越来越重要的意义。我们在加强城市语言管理同时，必须考虑到城市语言规划本身的科学性，这样才能使政策变得有效与最优，最终实现城市语言生活的和谐发展。

参考文献

蔡永良：《语言失落与文化生存——北美印第安语衰亡研究》，上海人民出版社 2010 年版。

陈淑娟：《台北市公共地区三十年来语言使用的变迁——比较分析 1978 年及 2008 年的语言调查》，《台湾文学研究集刊》2009 年第 6 期。

陈松岑：《绍兴市城区普通话的社会分布及其发展趋势》，《语文建设》1990 年第 1 期。

陈章太：《论语言生活的双语制》，载《双语双方言》，中山大学出版社 1989 年版。

陈章太：《我国的语言资源》，《郑州大学学报》（哲学社会科学版）2008 年第 1 期。

陈章太：《语文生活调查刍议》，《语言文字应用》1994 年第 1 期。

陈章太：《语言规划概论》，商务印书馆 2015 年版。

陈章太：《语言规划研究》，商务印书馆 2005 年版。

陈章太：《再论语言生活调查》，《语言教学与研究》1999 年第 3 期。

程祥徽：《澳门社会的语言生活》，《语文研究》2002 年第 1 期。

董慧：《面向现代化新征程的城市治理》，《甘肃社会科学》2021 年第 3 期。

董洁：《民族志研究视角下的语言身份认同：两例北京农民工子女个案》，《语言学研究》2014 年第 2 期。

范德博：《活力、认同和语言传播：以上海话为例》，《中国社会语言学》2005 年第 2 期。

范俊军：《语言活力与语言濒危的评估——联合国教科文组织文件〈语言活力与语言濒危〉述评》，《现代外语》2006 年第 2 期。

方小兵：《多语环境下的母语建构与母语社区规划研究》，中国社会科学出版社 2017 年版。

方小兵：《言语社区规划与母语安全》，《语言政策与规划研究》2015 年第 1 期。

方小兵、张立萍编著：《语言政策与语言规划核心术语》，外语教学与研究出版社 2022 年版。

方艳：《城镇化进程中农民工方言传播与身份认同研究》，《新闻大学》2015 年第 2 期。

伏干：《外来务工人员语言能力的多维分析——来自长三角、珠三角的证据》，《语言文字应用》2014 年第 2 期。

付义荣：《南京市普通话使用调查及其思考》，《南京航空航天大学学报》（社会科学版）2004 年第 3 期。

付义荣：《新生代农民工的语言使用与社会认同——兼与老一代农民工的比较分析》，《语言文字应用》2015 年第 2 期。

高一虹、李玉霞、边永卫：《从结构观到建构观：语言与认同研究综观》，《语言教学与研究》2008 年第 1 期。

郭龙生：《双语教育与中国语言治理现代化》，《双语教育研究》2015 年第 2 期。

郭龙生：《中国当代语言规划的理论与实践》，广东教育出版社 2004 年版。

郭熙：《当前我国语文生活的几个问题》，《中国语文》1998 年第 3 期。

郭熙、曾炜、刘正文：《广州市语言文字使用情况调查报告》，《中国社会语言学》2005 年第 2 期。

韩华梅：《广州非洲城的草根多语主义：国家在全球化中扮演的角色》，载李安山编《中国非洲研究评论（2013）》，社会科学文献出版社 2014 年版。

何军：《代际差异视角下农民工城市融入的影响因素分析》，《中国农村经济》2011 年第 6 期。

侯亚杰、姚红：《流动人口身份认同的模式与差异》，《人口研究》2016 年第 2 期。

汲传波、李宇明：《〈疫情防控"简明汉语"〉的研制及其若干思考》，《世界汉语教学》第 3 期。

江波：《推动农民工随迁子女的城市文化融入》，《中国社会科学报》2015 年 10 月 22 日第 4 版。

蒋冰冰：《上海市中小学幼儿园学生语言使用调查》，《中国社会语言学》2006 年第 1 期。

焦成名：《上海土著学生的语言行为报告》，《语言文字应用》2009 年第 1 期。

教育部语言文字信息管理司组编：《中国语言生活状况报告（2011）》，商务印书馆 2011 年版。

教育部语言文字信息管理司组编：《中国语言生活状况报告（2012）》，商务印书馆 2012 年版。

教育部语言文字信息管理司组编：《中国语言生活状况报告（2013）》，商务印书馆 2013 年版。

教育部语言文字信息管理司组编：《中国语言生活状况报告（2014）》，商务印书馆 2014 年版。

教育部语言文字信息管理司组编：《中国语言生活状况报告（2015）》，商务印书馆 2015 年版。

李国芳、孙茁：《加拿大华人家庭语言政策类型及成因》，《语言战略研究》2017 年第 6 期。

李建盛：《移民文化与身份认同》，《中华文化论坛》2016 年第 9 期。

李培林、田丰：《中国农民工社会融入的代际比较》，《社会》2012 年第 5 期。

李英姿：《重视在华国际家庭的语言教育规划研究，推动汉语传播》，《语言战略研究》2017 年第 6 期。

李宇明：《2007 年中国语言生活状况述要》，《世界汉语教学》2008 年第 3 期。

李宇明：《城市语言规划问题》，《同济大学学报》（社会科学版）2021 年第 1 期。

李宇明：《构建健康和谐的语言生活——序〈中国语言生活状况报告（2005）〉》，《长江学术》2007 年第 1 期。

李宇明：《关注语言生活》，《长江学术》2006 年第 1 期。

李宇明：《关注中国城市化进程中的语言问题》，载《中国语言生活状况报告》课题组编《中国语言生活状况报告（2009）》上编，商务印书馆 2010 年版。

李宇明：《树立"外语生活"意识》，《中国外语》2017 年第 5 期。

李宇明：《双言双语生活与双言双语政策》，《语言政策与规划研究》2014 年第 1 期。

李宇明：《语言功能规划刍议》，《语言文字应用》2008 年第 1 期。

李宇明：《语言规划学的学科构想》，《语言规划学研究》2015 年第 1 期。

李宇明：《语言生活与语言生活研究》，《语言战略研究》2016 年第 3 期。

李宇明：《语言在全球治理中的重要作用》，《外语界》2018 年第 5 期。

李宇明：《语言治理的现实路向》，《云南师范大学学报》（哲学社会科学版）2020 年第 3 期。

李宇明：《中国外语规划的若干思考》，《外国语》2010 年第 1 期。

李宇明：《中国语言规划论》，东北师范大学出版社 2005 年版。

李宇明：《中国语言规划续论》，商务印书馆 2010 年版。

李宇明：《中国语言生活的时代特征》，《中国语文》2012 年第 4 期。

李宇明、戴红亮：《关注本土语言调查，关心现代语言生活》，《中央民族大学学报》2008 年第 2 期。

李宇明、饶高琦：《应急语言能力建设刍论》，《天津外国语大学学报》2020 年第 3 期。

李宇明、王海兰：《粤港澳大湾区的四大基本语言建设》，《语言战略研究》2020 年第 1 期。

李志刚、杜枫：《"跨国商贸主义"下的城市新社会空间生产——对广州非裔经济区的实证》，《城市规划》2012 年第 8 期。

李志刚、杜枫：《中国大城市的外国人"族裔经济区"研究——对广州"巧克力城"的实证》，《人文地理》2012 年第 6 期。

李志刚、薛德升、杜枫等：《全球化下"跨国移民社会空间"的地方响应——以广州小北黑人区为例》，《地理研究》2009 年第 4 期。

梁波、王海英：《城市融入：外来农民工的市民化——对已有研究的综述》，《人口与发展》2010 年第 4 期。

刘庆、冯兰：《留城，还是返乡——武汉市农民工随迁子女留城意愿实证分析》，《青年研究》2014 年第 2 期。

刘燕：《媒介与移民文化身份认同的建构：以澳门内地移民为个案》，中国传媒大学出版社 2016 年版。

刘国福：《中国国际移民的新形势、新挑战和新探索》，《山东大学学报》（哲学社会科学版）2015 年第 1 期。

刘虹：《语言态度对语言使用和语言变化的影响》，《语言文字应用》1993 年第 3 期。

刘云刚、陈跃：《广州日本移民族裔经济的形成及其社会空间特征》，《地理学报》2014 年第 10 期。

刘云刚、谭宇文、周雯婷：《广州日本移民的生活活动与生活空间》，《地理学报》2010年第10期。

刘云刚、周雯婷、黄徐璐等：《全球化背景下在华跨国移民社区的空间生产——广州远景路韩国人聚居区的案例研究》，《地理科学》2017年第7期。

聂平俊：《外国人聚居社区的语言景观考察——以北京"韩国城社区"为例》，《语言学研究》2016年第2期。

聂平俊、刘宏刚：《生活空间视角下北京"韩国城社区"语言景观研究》，《语言学研究》2023年总第34辑。

齐沪扬、张谊生：《上海浦东新区普通话使用状况和语言观念的调查》，《语言文字应用》1996年第3期。

钱乃荣：《上海语言发展史》，上海人民出版社2003年版。

钱乃荣：《新世纪的语言环境和上海话的变化》，载孙福庆、杨剑龙主编《双城记：上海、纽约都市文化》，格致出版社2011年版。

秦广强：《进京农民工的语言能力与城市融入——基于适应性区群抽样数据的分析》，《语言文字应用》2014年第3期。

屈哨兵：《城市化进程中的方言习用与国家认同》，《语言战略研究》2016年第2期。

尚国文：《语言景观的语言经济学分析——以新马泰为例》，《语言战略研究》2016年第4期。

尚国文、赵守辉：《语言景观的分析维度与理论构建》，《外国语》2014年第6期。

尚国文、赵守辉：《语言景观研究的视角、理论与方法》，《外语教学与研究》2014年第2期。

沈骑：《中国城市化进程中语言研究的三大取向》，《语言战略研究》2021年第3期。

沈骑、康铭浩：《面向重大突发公共卫生事件的语言治理能力规划》，《新疆师范大学学报》（哲学社会科学版）2020年第5期。

沈骑、陆珏璇：《全球城市外语能力指标体系构建》，《新疆师范大学学报》（哲学社会科学版）2021年第2期。

沈骑、赵丹：《全球治理视域下的国家语言能力规划》，《云南师范大学学报》（哲学社会科学版）2020年第3期。

盛林、沈楠：《农民工子女语言使用状况的调查及启示》，《南京社会科学》2012年第11期。

束定芳：《中国外语战略研究》，上海外语教育出版社2012年版。

宋宗员、刘云刚、安宁等：《跨国移民的地方感研究：以在穗非洲移民为例》，《人文地理》2022年第4期。

孙晓先、蒋冰冰、王颐嘉、乔丽华：《上海市学生普通话和上海话使用情况调查》，《长江学术》2007年第3期。

田飞洋、张维佳：《全球化社会语言学：语言景观研究的新理论——以北京市学院路双语公示语为例》，《语言文字应用》2014年第2期。

屠国平：《宁波市外来人口语言生活状况考察》，《语言文字应用》2008年第1期。

汪平：《普通话和苏州话在苏州的消长研究》，《语言教学与研究》2003年第3期。

王春辉：《论语言与国家治理》，《云南师范大学学报》（哲学社会科学版）2020年第3期。

王春辉：《在华国际移民的相关语言问题研究》，《江汉学术》2016年第1期。

王辉：《国家治理视野下的应急语言能力建设》，《语言战略研究》2020年第5期。

王辉：《全球化、英语传播与中国的语言规划研究》，社会科学文献出版社2015年版。

王克非、叶洪：《都市多语景观——北京的多语生态考察与分析》，《语言政策与规划研究》2016年第1期。

王立：《城市语言生活与语言变异研究》，中国社会科学出版社

2009年版。

王玲：《城市语言治理规划观的基本内涵及实施过程》，《云南师范大学学报》（哲学社会科学版）2021年第6期。

王倩、张先亮：《语言生态在新型城镇化生态建设中的地位和作用》，《语言文字应用》2015年第3期。

魏日宁、苏金智：《中国大城市外语使用情况调查分析——以北京、上海、天津、广州、深圳、重庆和大连为例》，《外语教学与研究》2011年第6期。

文嫣、宁奉菊、曾刚：《上海国际社区需求特点和规划原则初探》，《现代城市研究》2005年第5期。

文秋芳、张天伟：《国家语言能力理论体系构建研究》，北京大学出版社2018年版。

巫喜丽、战菊：《全球化背景下广州市"非洲街"语言景观实探》，《外语研究》2017年第2期。

武小军：《流动人口的语言接触与语言认同》，《语言教学与研究》2013年第6期。

武小军：《流动人口语言变化的社会语言学研究》，科学出版社2015年版。

武小军、樊洁：《交际空间与话语选择——流动人口在务工流入地语言实态调查》，《语言文字应用》2012年第4期。

夏历：《"言语社区"理论的新思考——以在京农民工言语共同体为例》，《语言教学与研究》2009年第5期。

夏历：《在京农民工语言状况研究》，博士学位论文，中国传媒大学，2007年。

谢俊英：《市化进程中的农民工语言问题》，《云南师范大学学报》（哲学社会科学版）2011年第3期。

谢晓明：《关注农民工的语言生活状况》，《江汉大学学报》2006年第6期。

徐大明：《城市语言管理与城市语言文明建设》，《云南师范大学学报》（哲学社会科学版）2020年第3期。

徐大明：《城市语言研究——中国社会语言学的新发展》，《华夏文化论坛》2018年第2期。

徐大明：《新加坡华社语言调查》，南京大学出版社2005年版。

徐大明：《言语社区理论》，《中国社会语言学》2004年第1期。

徐大明：《中国社会语言学的新发展》，《南京社会科学》2006年第2期。

徐大明、付义荣：《南京"问路"调查》，《中国社会语言学》2005年第2期。

徐大明、陶红印、谢天蔚：《当代社会语言学》，中国社会科学出版社1997年版。

徐大明、王玲：《城市语言调查》，《浙江大学学报》（人文社会科学版）2010年第6期。

徐晓全：《从"管理"到"治理"：治国方略重大转型》，《学习时报》2013年11月18日第3版。

许嘉璐：《语言生活调查与语言文字应用》，《语文建设》1997年第3期。

薛才德：《上海市民语言生活状况调查》，《语言文字应用》2009年第2期。

尹小荣、李国芳：《国外家庭语言规划研究综述（2000—2016）》，《语言战略研究》2017年第6期。

游汝杰：《方言与普通话的社会功能与和谐发展》，《修辞学习》2006年第6期。

游汝杰：《三十年来上海方言的发展变化》，载上海市语文学会《吴语研究（第五辑）——第五届国际吴方言学术研讨会论文集》，上海教育出版社2010年版。

俞玮奇：《普通话的推广与苏州方言的保持——苏州市中小学生语言生活状况调查》，《语言文字应用》2010年第3期。

俞玮奇：《苏州市外来人口第二代的语言转用考察》，《语言教学与研究》2011 年第 1 期。

俞玮奇、王婷婷、孙亚楠：《国际化大都市外侨聚居区的多语景观实态》，《语言文字应用》2016 年第 1 期。

张斌华、张媛媛：《外来务工人员子女语言使用状况研究——以东莞民办小学为例》，《语言文字应用》2015 年第 2 期。

张璟玮、徐大明：《人口流动与普通话的普及》，《语言文字应用》2008 年第 3 期。

张民选、张日培：《多样与和谐：上海城市发展中的语言规划构想》，《云南师范大学学报》（哲学社会科学版）2011 年第 3 期。

张日培、赖玮：《交通指示牌和火车票拼音英文使用之争》，载教育部语言文字应用管理司编《中国语言生活状况报告（2013）》，商务印书馆出版 2013 年版。

张日培：《上海人热议"上海话"》，载教育部语言文字信息管理司组编《中国语言生活状况报告（2014）》，商务印书馆出版 2014 年版。

张晓兰：《家庭语言政策研究之过去、现在与未来》，《语言战略研究》2017 年第 6 期。

张秀彦、陈芳、郭熙：《广州小北路外国居民语言生活状况》，载周庆生主编《中国语言生活状况报告（2012）》，商务印书馆出版 2012 年版。

张治国、邵蒙蒙：《家庭语言政策调查研究——以山东济宁为例》，《语言文字应用》2018 年第 1 期。

赵世举：《语言与国家》，商务印书馆 2015 年版。

郑言：《联洋社区服务站运行两年深受"老外"欢迎，浦东推广境外人员服务站模式》，《浦东时报》2015 年 5 月 28 日第 2 版。

中国语言文字使用情况调查领导小组办公室编：《中国语言文字使用情况调查资料》，语文出版社 2006 年版。

周雯婷、刘云刚、全志英：《全球化背景下在华韩国人族裔聚居区的形成与发展演变——以北京望京为例》，《地理学报》2016 年第 4 期。

周雯婷、刘云刚：《上海古北地区日本人聚居区族裔经济的形成特征》，《地理研究》2015 年第 11 期。

周雯婷、刘云刚：《在华外国人社会融合的现状与问题——以在沪日本人为例》，《世界地理研究》2019 年第 1 期。

周雯婷、刘云刚：《中国大城市外国人聚居区的形成机制——基于北上广的比较研究》，《地理科学》2022 年第 9 期。

邹春燕：《广州客家家庭方言代际传承研究》，《语言战略研究》2019 年第 2 期。

邹娟：《常住外籍人士三千多人，上海碧云社区摸索出一套隔离服务标准》，《澎湃新闻》2020 年 3 月 15 日。

邹娟：《做好闭环输送，上海这个街道招募了 60 人翻"疫"志愿者队伍》，《澎湃新闻》2020 年 3 月 19 日。

[荷] 艾布拉姆·德·斯旺：《世界上的语言——全球语言系统》，乔修峰译，花城出版社 2008 年版。

[以色列] 博纳德·斯波斯基：《语言政策——社会语言学中的重要论题》，张治国译，商务印书馆 2011 年版。

[以色列] 博纳德·斯波斯基：《语言管理》，张治国译，商务印书馆 2016 年版。

[日] 真田信治：《日本社会语言学》，胡士云等译，中国书籍出版社 1996 年版。

[日] 真田信治：《社会语言学概论》，王素梅、彭国跃译，译文出版社 2002 年版。

Backhaus, Peter, *Signs of Multilingualism in Tokyo: A Linguistic Landscape Approach*, Clevedon: Multilingual Matters, 2006.

Backhaus, Peter, *Linguistic Landscapes: A Comparative Study of Urban Multilingualism in Tokyo*, Clevedon: Multilingual Matters, 2007.

Backhaus, Peter, "Language Policy at the Municipal Level", in *The Cambridge Handbook of Language Policy*, Cambridge: Cambridge University Press, 2012.

Baker, Colin, *Foundations of Bilingual Education and Bilingualism*. Multilingual Matters, 2006.

Bourdieu Pierre, *Language and Symbolic Power*, Cambridge: Polity Press, 1991.

Caldas Stephen J., *Raising Bilingual-Biliterate Children in Monolingual Cultures*, Clevedon: Multilingual Matters, 2006.

Cooper, Robert L, A Framework For The Study of Language Spread. In R. Cooper (Ed.), *Language Spread: Studies in Diffusion and Social Change*, Bloomington: Indiana University Press, 1982.

Cooper, Robert, L. and Carpenter, Susan, "Language in the Market", in M. L. Bender, J. D. Bowen, R. L. Cooper and C. A. Ferguson, eds. *Language in Ethiopia*, London: Oxford University Press, 1976.

Coulmas, Florian, *Sociolinguistics: The Study of Speakers' Choices*, Cambridge: Cambridge University Press, 2005.

Curdt-Christiansen Xiao Lan, "Invisible and Visible Language Planning: Ideological Factors in the Family Language Policy of Chinese Immigrant Families in Quebec", *Language Policy*, Vol. 8, No. 4, 2009.

Dustmann Christian and Fabbri Francesca, "Language Proficiency and Labour Market Performance of Immigrants in the UK", *The Economic Journal*, Vol. 113, 2003.

Fishman, Joshua A., *Reversing Language Shift: Theoretical and Empirical Foundations of Assistance to Threatened Languages*, Cleveton: Multilingual Matters, 1991.

Fishman, Joshua A., "Domains and the Relationship between Micro-and Macrosociolinguistics", In John J. Gumperz and Dell Hymes, eds. *Directions in Sociolinguistics*, New York: Holt Rinehart and Winston, 1972.

Garrett, Peter, *Attitudes to Language*, Cambridge: Cambridge University

Press, 2010.

Giles, H, *Language, Ethnicity and Intergroup Relations*, New York: Academic Press, 1977.

Gorter, Durk, *Linguistic Landscape: A New Approach to Multilingualism*. Clevedon: Multilingual Matters, 2006.

Gumperz, John J, "Linguistic and Social Interaction in Two Communicatees", *American Anthropologist*, Vol. 66, No. 2, 1964.

Grin, Francois, "Economic Approaches to Language and Language Planning: An Introduction" *International Journal of the Sociology of Language*, Vol. 121, No. 1, 1996.

Haugen Einar, "The Ecology of Language", in A. Fill and P. Mühlhäusler, eds. *The Ecolinguistics Reader: Language, Ecology and Environment*. London/New York: Continuum, 1972.

Haugen Einar, "Planning for a Standard Language in Modern Norway", *Anthropological Linguistics* Vol. 1, No. 3, 1959.

He Weiyun Agnes, "Discursive Roles and Responsibilities: A Study of Interactions in Chinese Immigrant Households", *Journal of Multilingual and Multicultural Development*, Vol. 37, No. 7, 2016.

Huebner Thom, "Bangkok's Linguistic Landscapes: Environmental Print, Codemixing and Language Change", *International Journal of Multilingualism*, Vol. 3, No. 1, 2006.

Irem Bezcioglu-Goktolga and Yagmure Kutlay, "Home Language Policy of Second-generation Turkish Families in the Netherlands", *Journal of Multilingual and Multicultural Development*, Vol. 39, No. 1, 2018.

King Kendall A. , Fogle, Lyn and Logan-Terry, Aubrey, "FamilyLanguage Policy", *Language and Linguistics Compass*, Vol. 2, No. 5, 2008.

Labov, William, *The Social Stratification of English in New York City*. Washington, DC: Center for Applied Linguistics, 1966.

Landry, Rodrigue and Richard Bourhis, "Linguistic Landscape and Ethnolinguistic Vitality: An Empirical Study", *Journal of Language and Social Psychology*, Vol. 16, No. 1, 1997.

Leeman, Jennifer and Modan, Gabriella, "Commodified Language in Chinatown: A Contextualized Approach to Linguistic Landscape", *Journal of Sociolinguistics*, Vol. 13, No. 3, 2009.

Leonard Wesley, *Miami Language Reclamation in the Home: A Case Study*. Ph. D. dissertation, University of California, Berkeley, 2007.

Lou Jia Jackie, "Chinese on the Side: The Marginalization of Chinese in the Linguistic and Social Landscapes of Chinatown in Washington, DC" in E. Shohamy, E. Ben-Rafel & M. Bani, eds. *Linguistic Landscape in the City*. Bristol: Multilingual Matters, 2010.

Malinowski, David, "Authorship in the Linguistic Landscape: A Multimodal-performative View", in Elana Shohamy and Durk Gorter, eds. *Linguistic Landscape: Expanding the Scenery*, New York: Routledge, 2009.

Nakamura Janice, "Hidden Bilingualism: Ideological Influences on the Language Practices of Multilingual Migrant Mothers in Japan", *International Multilingual Research Journal*, Vol. 10, No. 4, 2016.

Reh Mechthild, "Multilingual Writing: A Reader-Oriented Typology-with Examples from Lira Municipality (Uganda)", *International Journal of the Sociology of Language*, No. 170, 2004.

Rendall Michael S., Tsang Flavia, Rubin Jennifer, Rabinovich Lila and Janta Barbara, "Contrasting Trajectories of Labor Market Integration between Migrant Women in Western and Southern Europe", *European Journal of Population/Revue europeenne*, 4, 2010.

Ruíz, "Orientations in Language Planning", *NABE Journal*, Vol. 8, No. 2, 1984.

Scollon Ron and Scollon Suzie Wong, *Discourses in Place: Language in the*

Material World, London: Routledge, 2003.

Shohamy, Elana and Durk. Gorter, eds. *Linguistic Landscape: Expanding the Scenery*, London: Routledge, 2009.

Spolsky, Bernard and Cooper, Robert L., *The Languages of Jerusalem*. Oxford: Clarendon Press. 1991.

Spolsky, Bernard, *Language Policy*, Cambridge: Cambridge University Press, 2004.

Spolsky, Bernard, *Language Management*, Cambridge: Cambridge University Press, 2009.

Troyer A. Robert, Cáceda, Carmen and Eguíbar, Patricia Giménez, "Unseen Spanish in Small-Town America: a Minority Language in the Linguistic Landscape" in Rani Rubdy and Selim Ben Said, eds. *Conflict, Exclusion and Dissent in the Linguistic Landscape*, Palgrave Macmillan UK, 2015.

Trudgill, Peter, *A Glossary of Sociolinguistics*, Edinburgh: Edinburgh University Press, 2003.

Van den Berg, Marinus E., "Language Planning and Language Use in Taiwan: Social Identity, Language Accommodation, and Language Choice Behavior", *International Journal of the Sociology of Language*, No. 59, 1986.

Van den Berg, Marinus and Xu, Daming, *Industrialization and the Restructuring of Speech Communities in China and Europe*, Newcastle: Cambridge Scholars Publishing, 2010.

Zhu Hua and Li Wei, "Transnational Experience, Aspiration and Family Language Policy", *Journal of Multilingual and Multicultural Development*, 7, 2016.

后 记

十年光阴，倏忽而过。这本书记录了我近十年在上海开展城市语言研究的历程。回望自己城市语言研究的学术成长史，与恩师徐大明教授的悉心指导密不可分。2006年春，我在南京大学强化班的最后一学期，有幸修读了徐老师开设的"语言变异研究"课程。之后，徐老师慨允担任我本科毕业论文导师，这就开启了我城市语言研究的学术之路。读研期间，我在导师苦心建设的南京大学社会语言学实验室、中国语言战略研究中心学习。实验室和中心组织的学术会议、讲习班、工作坊、沙龙等各类学术活动令我应接不暇，在开拓眼界的同时，也极大地提升了我从事城市语言研究的能力。本书中多次运用的匿名观察法等，即来自范德博教授在实验室举办的工作坊。读书之余，徐老师还常组织城市语言调查。记得2008年我刚提前攻博，徐老师就嘱我带队去苏州调查，为论证语言普查方案积累实践经验。于是，我便和实验室的小伙伴们风风火火地奔赴苏州，开展了入户调查、匿名观察等一系列具有一定规模的调查，相关成果之后发表在了学界多本核心期刊上。受此鼓舞，我在博士论文中又进一步比较了江苏南部多个城市的语言生活状况。毕业论文在北京答辩时得到了评阅专家的肯定。

博士毕业后，我入职华东师大对外汉语学院，刚到上海，一切都是陌生的。繁重的教学任务和申报项目的折戟，令我一度困苦迷茫。不久后，导师发来邮件，询问我的近况，同时鼓励我要在城市语言研究上持之以恒，树立长远的学术目标和追求。由此，我也坚定信念，并萌生出了研究长三角地区城市语言生活与城市语言规划的设想。经过一个寒假的准备、酝酿和论证写作，最终成功获批了我人生的第一个国家社科基金项目！在基金的资助下，我在长三角都市圈，特别是在上海开展了一系列实证数据驱动的城市语言研究。

　　本书的内容是国家社科基金项目成果的集合，出版过程中得到了众多领导、专家与同行的关心和支持，特别是恩师近年眼部不适，但仍坚持为本书作序。我深知他对我学术事业和科研的期待，也深感自己延续城市语言研究的责任。本书部分章节的写作过程中得到了学院研究生、本科生的支持与参与，他们或参与了调查、或提供了宝贵的资料与数据。在此，对这些同学的劳动表示感谢！

　　最后，感谢我的父母和家人，感谢他们对我始终如一的支持、关怀与牵挂，支撑着我一路走来。

　　"路曼曼其修远兮，吾将上下而求索"。我将怀着感恩和谦卑之心，继续在学术道路上前行。在今后的岁月中，我唯有更加勤勉，以回报师长亲朋的期许和厚爱。

俞玮奇
2023 年 10 月于上海